예정된
유토피아,
상하이

예정된 유토피아, 상하이

제국주의가 낳은 괴물에서 포스트 사회주의 중국의 미학 상징으로

아시아의 미 22

초판 1쇄 발행 2024년 11월 20일

지은이	김영미
펴낸이	이영선
책임편집	김종훈

편집	이일규 김선정 김문정 김종훈 이민재 이현정
디자인	김회량 위수연
독자본부	김일신 손미경 정혜영 김연수 김민수 박정래 김인환

펴낸곳 서해문집 | 출판등록 1989년 3월 16일(제406-2005-000047호)
주소 경기도 파주시 광인사길 217(파주출판도시)
전화 (031)955-7470 | 팩스 (031)955-7469
홈페이지 www.booksea.co.kr | 이메일 shmj21@hanmail.net

ⓒ 김영미, 2024
ISBN 979-11-94413-03-5 04910
ISBN 978-89-7483-667-2 (세트)

《아시아의 미Asian beauty》는 아모레퍼시픽재단의 지원으로 출간합니다.

아시아의 미
Asian beauty 22

예정된
유토피아,
상하이

제국주의가 낳은 괴물에서
포스트 사회주의
중국의 미학 상징으로

김영미
지음

서해문집

차
례

006   prologue

I   차이나 드림, 중국몽   014

2   부흥의 시간으로 세팅   026

042   새로운 시간을 얹어야 할 공간으로서 상하이

3   제국이 낳은 괴물   048

4   헤리티지   058

062   왜 헤리티지라고 불러야 하는가
077   중국을 지운 유령들
083   게이트와 숫자들

5   모던   098

101   리퍼블릭 오브 차이나, 한족의 부상
113   중화 질서, 유교
123   모던 걸, 상하이 구냥

6   얼룩덜룩한 사회주의   136

140   사회주의 젠트리피케이션
151   두 가지 유산의 결합, 제국주의와 사회주의
159   인민, 인민
171   남겨진 공장들

7   중국적 스타일리시   182

185   컨템퍼러리 차이니즈 스타일
197   차이니즈 레트로 모던과 차이나 시뮬라시옹
214   가짜 노스탤지어

8   유토피아   230

234   '빛'의 공간
256   '아름답다'는 것

288   epilogue

298   주
319   참고문헌

prologue

성공하는 이미지를 즐기는 각 시대의 꿈 안에는 계급이 없던 원시 역사와 결합하는 모습들이 드러난다. 그리고 집단의 무의식에 저장된 그러한 사회 경험은 지속되어 온 건물에서부터 지나가는 유행에 이르기까지 수천 가지로 구성된 삶에 흔적을 남기는 유토피아라는 새로운 것을 만들어 낸다.[1]

20세기 유럽 도시의 모습이 21세기 포스트 사회주의 중국 상하이에서 그대로 목격된다.

21세기 포스트 사회주의 중국 상하이에서 주목한 부분은 '중국이 유토피아를 꿈꾸고 있다'는 사실이다. 중국이 꿈꾸는 유토피아는 상상 속에 갇힌 미래인데, 중국은 이 상상을 현실화하려 한다. 포스트 사회주의 중국에서 생각하는 미래는 반드시 현실에 미리 도착해 있어야 한다!

적어도 최근 5년 동안, 사실은 30년 동안 상하이가 변하는 모습을 보면서 어느 시점부터 도시 곳곳에 수많은 '감성 제조소(Factory of the sensible)'가 나타나기 시작했음을 감지했다. 이는 행복하고 재미난 호기심을 유발했다. 이 글은 단순히 '감성'에서 시작되었다.

감성 제조소라는 용어는 자크 랑시에르의 '감성 분할(The Distribution of the Sensible)'에서 가져왔다.[2] 원래 자크 랑시에르가 말하는 '감성적 분할'은 '감각적 확실성의 체계(the system of self-evident facts of sense perception)'를 이르는 말이다. 그것은 어떤 시스템의 문제고, 이러한 시스템이 정치적 공간, 시간, 활동 형태에 따라 개인들이 분할에 참여하는 형식을 띤다. 동시에 해당 분할 공간에 개인들이 참여하기 이전에, 통치자에 의해서 그 공간이 분할되는 형태가 우선한다. 계획된 장소성을 지니고 있다는 의미에서 감성 제조소들은 '공간적 형태의 유토피아(Utopias of spatial form)'가 된다.[3]

공간과 유토피아를 생각하면서 데이비드 하비(David Harvey)의 각종 이론서들을 가장 많이 참고했다. 데이비드 하비는 포스트모더니즘의 조건들을 이야기하면서 '모더니즘적 기획'들이 어떻게 분해되고 변질되었는지 말했다. 그가 여기서 천착했던 문제는 1960년대 이후 일어나는 '유연적 축적(flexible accumulation)'

이다. 이것이 바로 '포스트', 즉 모더니즘이 무너지는 상황에 관한 설명이다. 이 상황을 설명하기 위해서 선택한 '역사지리적 유물론(Historical-geographical materialism)'[4]은 이 책을 쓰는 데 가장 큰 방향성을 제시해 주었다. 사회의 흐름과 변동을 공간 안에서 분명히 읽을 수 있다는 믿음을 주었고, 데이비드 하비에서 르페브르(H. Lefebvre), 루이스 멈퍼드(Lewis Mumford)까지 도시가 의도적으로 계획된 정치적 산물이라는 사실에 주안점을 두고 상하이의 시공간에 관해서 깊이 고민했다. 시간이 다르게 조직되고 공간이 그에 따라 드러난다면 그것이 곧 새로운 컨템퍼러리다.

상하이를 공간 형태의 유토피아로 보게 되면서 유비적 개념들을 목격하게 된다. 중국 상하이에서 밝히는 '부흥', '유토피아'와 같은 단어가 기독교 핵심 단어인 '부활', '디스토피아'와 정확하게 한 쌍을 이룬다. 죽지 않고 사는 부활을 해야 하는 이유는 바로 인간이 사는 세상이 디스토피아이기 때문이다. 사실 부활은 '다시 삶', 즉 인간(mortal)은 죽을 수밖에 없다는 가장 명확한 인간적 명제를 신의 명제로 바꾸는 개념이다. 《요한계시록》에 낱낱이 드러난 디스토피아는 앞으로 다가올 미래가 아니라 이미 예정된 미래다. 이대로 간다면 인간은 필멸한다. 하지만 이 명제를 완전히 뒤집으면 인간이 죽지 않고 사는 영원한 유토피아가 완성된다. 이는 가장 큰 명제인 "신은 죽었다(Gott ist tot, Sören

Kierkegaard)"와 같은 인간 중심적 모더니즘 혁명과 정확하게 연결된다. 중국 사회주의가 지닌 모더니즘적 기획은 여전히 강력하다. 시진핑(習近平)이 주장하는 '인민 중심(以人民爲主)'은 이렇게 연결되었다.

사회주의 국가인 중국은 부흥과 유토피아가 실현되는 유물론적 장소성이 반드시 필요했다. 그곳이 바로 물질적 부유를 상징하는 상하이다. 처음 상하이를 방문했던 1995년 겨울을 떠올리면, 도시 전체는 우울한 회색이었다. 세차하지 않은 차들은 천편일률적으로 회색이었고, 모든 공장 형태 건물 또한 회색이었다. 그러나 화려한 와이탄(外灘, The Bund)만큼은 나를 설레게 만들었다. 이곳이 중국 같지 않아서 좋았다. 중국에서 중국 같지 않은 곳을 찾다니! 서양 제국주의가 남긴 흔적들에 불과했는데 말이다. 너무도 깊이 제국주의 모습을 부러워했던 모양이다. 상하이는 제국을 부러워하는 제국의 타자들에게 훌륭한 장소를 제공한다. 타자들이 주체자들을 부러워하기만 할 때는 낭만적이다. 그러나 미련을 버리지 못하면 결국 미련해진다. 여기서부터는 비극이다. 제국을 너무나도 오랫동안 사랑하고 프랑켄슈타인처럼 이것저것 모두를 받아들여 실체화하면서 포스트 사회주의 중국의 상하이는 '제낳괴'가 되었다. 제국이 낳은 괴물은 이렇게 해서 탄생했다.

상하이에는 갈 때마다 즐거웠다. 마치 1930년대 상하이로 타임머신을 타고 가는 '금발의 서양 여자'가 된 듯했다. 나는 무엇이든지 할 수 있고 최고의 서비스를 받으며 흥미진진한 일이 펼쳐질 것만 같다. 상하이 도심의 화려한 불빛이 쏟아지는 쇼핑센터를 돌아다닐 때, 프랑스 조계지의 세련된 주택 단지들을 보면서 비엔나커피를 마실 때 그리고 상하이 특산품인 짚에 싼 게딱지를 먹을 때도 이러한 감성은 지속되었다. 시간이 멈춘 듯한 타임랩스(time-lapse) 감성은 상하이에서 행복감을 자아낸다. 아마도 상하이는 이런 호갱님들을 노렸을 터다. 감성은 소비를 부르고, 소비는 최대의 덕목이 된다. 중국이 최고의 자본주의 국가라는 사실이 이런 식으로 증명된다. 상하이 감성 공간에서 '즐거움(快樂)'을 느꼈다면 이는 곧 상하이의 공간 미학이 된다.

때로 상하이를 분석한 글을 쓴다. 느낌은 좋았는데, 분석은 힐난조다. 상하이를 끔찍하게 묘사하는 까닭은 거리 구석구석이 누더기 같다는 느낌이 들어서다. 겉은 번지르르하지만 그 뒤는 건조하다. 장이머우(張藝謀) 영화를 분석할 때 세상 쓸데없는 쓰레기 취급을 하며 돌려 까기, 모두 까기를 하면서, 정작 그의 영화를 보기만 하면 감정적으로 빠져들어 울고 있는 나를 본다. 그렇다. 분석할 때는 감정을 빼야 한다. 상하이를 사랑하는 것과 분석하는 것은 완전히 분리된다. 포스트 사회주의 중국 상하이의 컨템퍼러리 공간 미학에 관한 이 글은 나의 사랑이 빠진 상하이의 실제 모습들에 관한 것이다.

그렇더라도 나는 상하이를 사랑한다.

I

차이나 드림,
중국몽

시진핑 정부는 2017년 10월 18일 중국공산당 제19차 전국대표대회(中國共産黨第十九次全國代表大會)에서 중국특색의 사회주의는 '신시대(新時代)'에 접어들었다고 선포했다.

여기서 말하는 '신시대'라는 시간성은 미래를 담보한 현재의 구체적 방향성과 관련되어 있다. 그리고 신시대는 이미 도래했다고 가정하는 미래적 시간을 가리키며, 지금 이 시간을 살고 있는 중국 인민들이 직접 피부로 체험하는 '현재성' 속에 포함된다. 시진핑이 말하는 '신시대'는 모든 인민이 겪는 물질적 문제가 어느 정도 해소된 상태, 즉 '소강사회(小康社會)'라는 구체적 그림을 제시하고 있기 때문이다.[1] 큰 바람 없이 그저 등 따습고 배부르기를 원하는 보통 사람들의 행복은 미래가 아닌 '여기 지금'이라는 현재성을 띤다. 한편 시진핑은 '중국몽(中國夢, China Dream)'을 제시한다. 꿈은 현실을 떠난 시공간을 의미한다. 중국몽은 미래성을 띠는 듯하지만 현실에서 경험하는 또 다른 차원의 현재성 속에 있다. 따라서 신시대라는 시간 설정은 소강사회라는 현재성과 중국몽이라는 비현실성을 연결하는 '현재이면서 비현실적 상황'이라는 특별한 시간 개념으로, 현실과 비현실을 넘나들고 현재와 미래가 경계 없이 섞이게 만든다.

바로 이러한 시간 개념이 중국을 파악하는 데 중요하다. 신시대는 미래를 현재로 당겨 와 두 시간대를 겹쳐 놓는다. 이러한 이중적 시간 층위는 '과거-현재-미래'와 같은 직선적 시간 개념이 아닌 과거와 미래가 현재와 함께함으로써 시간대가 경계 없이 한 덩어리처럼 여겨지는 완전히 새로운 시간 개념이다. 그리고 신시대로 일컬어지는 이 특별한 시간대는 중국 도시 곳곳에 유물론적 증거로 드러나며, 상하이는 그 가운데서도 미래가 현재에 실현되는 제1의 장소로 지목된다.

한편 이 특별한 시간 개념이 적용되기 위해서는 경제적 부흥이 필요하다. 즉 소강사회를 이루기 위해 중국 정부는 '국가 신자유주의(State Neoliberalism)'라는 방식을 취한다. 중국은 WTO에 가입한 2001년부터 원칙적으로 신자유주의를 도입했으며, 중국에서 신자유주의는 관민 통치 형식(public private government system)으로 드러난다.[2] 중국에서 신자유주의를 도입하여 국가적으로 적용한다는 것은 경제와 정치가 서로 다른 이념을 기반으로 중첩됨을 뜻한다. 따라서 중국은 사회주의를 공식적으로 버리지 않은 채, 외국 자본주의를 그대로 허용함으로써 '얼룩덜룩한 자본주의(Variegated Capitalism)'를 형성하고 있다.[3]

상하이는 위 두 가지 조건 즉 신시대라는 시간 개념과 현시점에 작용하는 국가 신자유주의라는 특별한 포스트 사회주의 방향성을 바탕으로 국가가 주도하여 문화 산업 시스템을 구축하게 된다.[4] 이러한 시스템들은 상하이 감성 공간 조직과 밀접하게 관련된다. 데이비드 하비가 "1997년에서 1998년, 중국의 국영기업들이 파산하고 그 권력을 지방정부로 이양하면서, 이는 (중국의) 경제 재구조화를 재촉하는 일"이 되었다고 말했는데,[5] 이는 상하이시 정부가 적극적으로 민간에 폐공장 지대를 임대했던 사실에서 명확히 드러난다. 2000년 이후 상하이시의 경제 재구조화에는 국가가 개입한다. 1990년대 후반 상하이시 정부와 타이완 화교가 주도적으로 투자해서 이익을 얻던 형태에서 2000년에 들어서면 이 이익을 국가가 수령하는 구조로 바뀌게 된다. 따라서 2000년 이후 상하이 각 공간의 성격도 시 정부와 민간인 투자 형태에서 국가가 주도하는 큰 정책 방향으로 흘러가게 된다. 이러한 흐름이 국가 신자유주의를 표방한 중국 정부가 2000년 이후 이룩해 온 거버넌스의 성격이고, 이를 이해하는 것이 상하이 공간 전회를 읽는 키워드라고 할 수 있다.

또한 중국의 국가 신자유주의는 직접적으로 도시와 농촌 각 공간의 분할과 연결을 철저하게 거대 서사에 속하게 해서, 국가 행정과 밀접하게 관련되도록 만들었다. 이로써 상하이시 정부와 민간인의 자금과 사적 소유권을 위해 존재했던 공간에서 거두어 들이는 실질적 자금이 국가에 귀속되게 만들었다. 따라서 여기서 말하는 거대 서사는 평온하고 세련된 감성 공간을 중국 전체 인민의 문제에 관한 성과로 보여 주는 것을 말한다. 포스트 사회주의 속 상하이 컨템퍼러리 공간 미학은 이곳에서 드러난다.

실제로 도시에서 살아가는 각계각층의 사람들은 그 공간에서 자신들의 시간을 만들고 일상을 보낸다. 중국의 도시 공간은 농촌과 다른 성격을 띠는데, 이는 사회주의 도시 노동자를 '인민'의 핵심으로 보는 관점과 관련이 있다. 물론 마오쩌둥(毛澤東)은 국민당에 의해 상하이에서 축출된 이후 사회주의 도시 노동자를 빨리 포기하고 인민의 거점을 농촌으로 옮겼지만, 신중국 이후 상하이로 다시 돌아오면서 사회주의 도시 공간에 관한 개념은 회복되었다. 그리고 2000년 이후 신자유주의를 도입하면서 상하이는 국가 경제의 가장 상위층 조직이라고 할 수 있는 은행이나 외국채 기업 등이 점유하면서 포스트 사회주의의 모습을 갖추었다.

대도시로 자본이 집중되는 현상과 중국의 신자유주의 정책이 결합하면서 상하이 이외 중국의 각 도시 공간들은 농촌과 다른 일상을 갖추게 된다. 여기서 도시적 감각, 즉 '도시성'은 '감성 제조소(Factory of the sensible)'라는 모더니티를 동반한 장소성을 통해 농촌과 더욱 차별화된다. 도시성은 도시에 거주하는 이들의 생활과 관련된다. 원래 대도시(Metropolis)는 모더니티의 산물로서 세계 어디서나 비슷한 패턴으로 공간들이 조직된다는 보편성을 지닌다. 즉 대도시는 인간의 공간 창출이라는 모더니즘적 기획이 가시적으로 나타난 형태이며, 특별히 어떤 지역적 특징을 내세우는 것이 아니라 경제적 발전을 드러내는 가시화와 연관된다. 결국 대도시는 가장 잘사는 것처럼 보이는 공간이다.

　포스트 사회주의에서 상하이가 지니는 도시성은 국가 신자유주의와 밀접한 관련성이 있다. 역사적으로 상하이가 도시성을 지니게 된 데는, 19세기 후반에서 20세기 초 서양 제국주의의 영향이나 중국 내부적 발전이 있었다는 등의 의견이 있다. 그러나 유물론적으로만 보자면 영국이 방직 공장이라는 도시 산업 시스템을 상하이에 세우고 노동자가 나타난 지점에서 도시성이 생겨났다고 봄이 적합하다. 이 지점부터 상하이가 농촌과 달라졌다고 볼 수 있다. 당연히 상하이의 도시성은 서양 제국주의와 깊게 관련된다. 대도시에서 나타나는 생산적 측면 이외에 반드시 주의 깊게 살펴봐야 할 점은 농촌과 다른 소비 패턴이다. 청대 어촌이었던 상하이가 도시가 되었을 때는 이미 산업 현장과 노동자의 모습보다는 도시의 소비적이고 향락적 모습과 그 향락과 소비가 이루어지는 공간들이 나타난다. 그리고 경제적 하부 구조를 이루는 각 소비 현장에는 중국인 자신들도 끼어 있다. 즉 상하이 도시성의 뿌리 깊은 문화는 서양 제국주의와 제국 형성에 적극적으로 가담한 상하이인들에 의해 형성되었다.

상하이의 도시성은 제국주의하에서 생겨난 최초의 산업 기지와 노동자에서부터 시작되었음이 확실하다. 물론 이러한 산업 현장은 공업 유산으로서 2000년 이후에야 주목받게 된다. 사회주의 시기 제국의 산업 현장들은 완전히 사회주의 생산 기지로 훌륭히 변모하여, 한 공간 안에 '제국'과 '사회주의'가 중첩되어 나타난다. 사실 이는 제국의 산업 현장을 지우고 이곳을 새로운 생산의 지점으로 삼은 셈이다. 신중국 초기에 제국주의자에게 산업 기지 운영과 자본주의적 생산 방식을 그대로 물려받았던 자본주의자들은 '민족 자산가'라는 계급으로 불렸으며, 신중국 정부는 그들의 자본주의적 생산 방식을 그대로 인정했다.[6] 엄격히 말하자면 상하이의 사회주의 생산 기지로서 근본적 성질은 서양 제국주의자에서 민족 자산가로 이어지는 사회 유산에 있다. 그리고 포스트 사회주의로 접어든 이후 상하이의 초기 생산 기지들 역시 이러한 기반 위에 공간을 구성한다. 이는 제국의 산업 유산을 긍정적으로 인정하는 동시에 포스트 사회주의 중국도 이룰 수 있었음을 의미한다.

국가 신자유주의를 적극적으로 받아들인 이후 중국의 대도시들은 새롭게 변모할 수밖에 없었다. 이러한 변화는 먼저 상하이와 다른 지역들을 연결하거나 혹은 상하이 내 새로운 교통 시스템을 위한 물리적 기반 시설들을 개조하는 국가 프로젝트로 나타났지만, 결론적으로 자본주의 소비문화라는 새로운 형태들로 감지되었다. 여기서 생산의 지점이 소비의 지점으로 바뀌는 극적인 공간 전회(Spatial Turn)를 이루게 되고, 이로써 상하이 도시만의 독특한 소비문화를 만들어 낸다. 신중국 시기에 거부되었던 소비문화는 포스트 사회주의 시기로 접어들면서 긍정적 이미지로 바뀌어 제시되는데, 여기서 상하이는 그러한 대표적 성공 사례로서 부각된다. 상하이 공간 전회에서 중요한 것은 공간의 재전유다. 이는 공간의 의미를 중첩되게 만든다. 제국주의자의 산업 기지와 자본주의는 상하이 소비문화의 기본 틀을 구성한다. 이를 바탕으로 설계된 사회주의 시기 생산 공장들은 다시 인민의 생산 현장이 되면서 긍정적 이미지로 돌변한다. 1978년 개혁개방 이후부터 2000년 국가 신자유주의를 도입할 때까지 상하이는 지속적으로 새로운 생산과 소비 공간들을 분할하고 재조직한다. 감성 공간은 여기서 생겨난다.

상하이는 중국의 어떤 도시보다 새로운 컨템퍼러리 공간 전회를 통해 중국 인민들의 삶을 바꿔 놓는다.[7] 처음부터 상하이가 중국 정부의 직접적 계획 아래서 감성 공간들을 만들어 나간 것은 아니다. 이러한 변화는 순전히 상하이 바깥에서 침입해 들어온 해외 개인 자본주의자들의 자본 이득에서부터 시작되었다. 그리고 중국 정부는 적극적으로 이러한 개인적·자본주의적 이득을 그대로 국가 이득으로 흡수하여 더 계획적으로 감성 공간들을 조직하고 활성화했다. 이제 남은 것은 중국 국가 자본주의 하에서 상하이라는 도시가 창출할 경제적 이득과 문화적 감성 공간들의 성공적 결합이다. 중국식으로 표현하자면 중국의 꿈은 바로 이곳에서 달성된다. 미국을 향해 '아메리카 드림(America Dream)'을 안고 떠났던 중국 인민은 이제 상하이에서 '차이나 드림'을 완성하게 된다.

2

부흥의
시간으로
세팅

1978년 개혁개방 이후 포스트 사회주의 중국은 시간적으로 빨리 통합되고 압축될 필요가 있었다. 당시 중국은 그들의 시간이 서양의 시간과 동일하지 않다고 인식했다. 중국은 서양과 동시대 시간 감각을 갖추고자 하는 강박관념을 곳곳에서 드러냈다.[1] 특히 1980년대와 1990년대를 통틀어 중국 사회 곳곳에서는 모더니즘과 포스트모더니즘이 혼재되어 드러났으며,[2] 그 모습은 흡사 이것저것을 이어 붙인 누더기 형태로 가시화되었다. 예를 들어 '문화열(Cultural Fever)'이라고 부르는 개혁개방에 따른 반응들은 이러한 혼재된 시간성에 관한 인식을 드러내는 집약적 표현이었다.[3] 상하이는 모더니즘을 구축하기 위해 와이탄에 1920년대와 1930년대의 '상하이 모던'[4]을 가져오는가 하면, 그 맞은편 푸둥(浦東)에는 최첨단의 미래적 모더니즘을 구축하기도 했다. 또한 사회주의 시기에 세워졌던 대규모 공장들은 녹슨 모습을 새롭게 바꿔 후기 자본주의와 비슷하게 공간을 전유한다. 한편으로는 포스트 사회주의 유토피아로서 '공동부유(共同富裕)'라는 단어를 슬며시 놓고 또 다른 한편으로는 과거 사회주의 시기 프로파간다 이미지들을 도시 곳곳에 배치한다. 상반된 시간성을 지닌 이미지들이 경쾌하게 섞여 있다. 앙리 르페브르가 말했듯이 "시간은 현대성의 사회적 공간에서는 자취를 감춰 버린다."[5]

상하이 공간 전회는 '문화창의산업(文化創意産業)'을 통해 가시화되었다. 중국 대륙은 '문화창의산업'이라는 개념을 타이완에서 받아들여 1995년부터 적용하기 시작했다. 중국의 학자 대부분이 상하이에 문화창의산업 단지가 생겨난 때는 2004년부터라고 한다.[6] 2006년과 2010년 사이에는 정부의 '제11차 5개년 계획'이 실현되었고 이 기간에 '문화산업진흥계획(文化産業振興規劃)'(2009)[7]이 발표되었다. 문화와 산업을 결합한 상하이의 이러한 계획은 비서양 국가이자 비민주주의 국가에서 시행된 첫 사례[8]라는 점에서 주목할 만하다. 상하이는 중국 체제 전환을 위한 실험적 장소였다.[9]

이러한 실험적 흔적들은 국가 정체성과 관련하여 과거 사회주의 건물들을 새롭게 단장하면서 드러난다. 상하이는 황푸강(黃浦江)을 중심으로 서쪽을 푸시(浦西), 동쪽을 푸둥이라고 하며, 황푸강의 서쪽 푸시는 상하이의 과거를, 동쪽 푸둥은 미래를 상징한다.

푸시 쪽을 보면, 난징둥루(南京東路)와 상대적으로 덜 발달된 난징시루(南京西路) 중간에 인민광장(人民廣場)이 있다. 과거 사회주의 시기에 가장 현대적 의미에 부합했던 인민의 '광장(plaza)'은 개인의 사사로운 생활을 뒤로하고 공동의 이익을 추구하고자 활동하는 공간으로 주목할 수 있다. 현재 인민광장은 새로운 포스트 사회주의 개념을 적용하여 공공의 인민 생활을 다시 구성한다. 사회주의 시기와는 다른 용도의 건축물들이 인민광장에 새로운 의미를 부여하는 데 한몫한다. '상하이시 정부(上海市政府, Shanghai Municipal Peoples Government)' 청사, 사회주의 중국의 정체성과 미래를 가시화한 '상하이도시계획관(上海城市規劃展示館, Shanghai Urban Planning Exhibition Center)', 인민들을 위한 공공문화 서비스 공간인 '상하이박물관(上海博物館, Shanghai Museum)', '상하이대극원(上海大劇院, Shanghai Grand Theatre)', '상하이미술관(上海美術館, Shanghai Historical Museum)'이 모두 이곳에 완전히 새로운 모습으로 자리 잡고 있다. 이곳에서 이루어지는 문화 수익 사업은 인민들에게 문화 서비스와 쾌적한 환경을 제공함으로써 환원된다. 이것이 포스트 사회주의 중국에서 나타나는 공간 미학의 내용이다. 도심을 공공 공간으로 개방하고 가장 쾌적하고 편리한 공간으로서 인민들에게 제공하는 한편, 푸둥은 훨씬 더 물질적으로 풍요한 모습들을 장착하여 미래적 느낌을 준다. 하지만 푸시와 푸둥 두 곳이 모두 물질적 행복을 제시한다는 점에서 상하이 각 공간은 포스트 사회주의 중국이 추구하는 미학에 부합한다고 말할 수 있다.

상하이에 주목해야 하는 근본적인 이유는 푸둥, 푸시와 같이 과거와 미래를 연결하는 공간 배치를 통해 역사적·지리적으로 이중 삼중의 의미가 작용되기 때문이다.

첫 번째로 이해해야 할 구도는 중국과 서양, 양자가 이루는 축이다.

개혁개방 이후 중국의 꿈을 실현해 줄 실험 장소로 다른 어떤 도시보다 상하이가 선택된 이유는 도시 문화 경험에서 비롯된다. 상하이는 서양에 침탈당한 중국의 첫 해양 도시이면서 동시에 2014년 시진핑이 언급한 '부흥의 길(復興之路)'[10]의 해양 출발 지점이다. 이 두 가지 사실의 방향성은 다르다. 밖으로부터 침탈과 밖으로 향하는 전진. 여기서 중요한 것은 '부흥'이다. 말 그대로 풀이해 보자면 '다시 번영'이다. 20세기 초반 유럽의 준식민지였던 상하이는 사실상 중국의 공간을 서양에 뺏긴 치욕적 상황이었다. 치욕을 딛고 일어서는 '굴기(崛起)'가 여기서 적용된다. 중국의 과거와 미래가 동시에 이곳, 상하이에서 중국과 서양이라는 양자 축 아래 설정된다.

　원래 부흥의 길이라는 용어는 2007년 중국 국영 방송에서 제작된 다큐멘터리 제목이었다. 바로 전해인 2006년에는 〈대국굴기(大國崛起, The Rise of the Great Nations)〉가 방영되었다. 이러한 부흥 서사는 〈대국굴기〉 다큐멘터리의 연장선상에 있는 굴기 시리즈로 이해할 수 있다. 〈대국굴기〉에서는 중국의 과거가 어떻게 치욕적 상황에 놓이게 되었는지를 분석하고, 〈부흥의 길〉에서는 그 상황을 '딛고 일어서는(崛起)' 미래적 설계를 제시한다.

　하지만 시진핑이 말하는 부흥의 시간은 중국의 어느 과거 시점을 가리키고, 그 과거는 중국에 이미 존재했던 영광의 시간을 의미할 뿐이기 때문에, 상하이는 그저 과거가 미래적으로 구현될 시뮬라시옹(simulation)으로 작용한다. 여기서 상하이가 지닌 특별한 시간들이 조직된다. 상하이는 과거성을 지닌 동시에 미래적 비전을 예고하는 중국의 현재적 공간이어야만 하는 당위성을 지닌다. 과거와 미래는 반드시 이곳 상하이에서 같이 작동되어야만 한다.

　한편 악바 압바스(Ackbar Abbas)는 1990년대 살아난 상하이 코즈모폴리터니즘을 1980년대 홍콩 코즈모폴리터니즘과 연결한다.[11] 악바 압바스가 말하는 상하이 공간은 정확하게 1997년, 즉 홍콩이 중국에 반환된 시간과 연관되어 있다. 이는 영국 튜더 스타일의 빌라(Tudor-style villas), 스페인 스타일의 타운 하우스, 러시아 스타일의 교회, 독일 스타일의 맨션, 상하이 리롱(里弄)[12] 구조의 집들로 나타난다. 그리고 이러한 모습은 실제 유럽보다 더 화려한 유럽을 꿈꾸는 이미지들이 안착하게 한다. 이는 모더니즘 시기 서양의 식민지 지배자들이 형성한 콜로니얼 문화로 등치해서 해석할 수 있다. 호미 바바(Homi K. Bhabha)가 지적한 대로, 식민지적 공간은 제국 대도시 공간들의 상상 속 지리학(Imaginative geography) 속에서 완전히 연출되기 때문이다.[13]

포스트콜로니얼 문화를 지닌 도시들이 콜로니얼 현장을 반복(repetition)하거나 되돌려 놓기(return) 때문에, 동아시아의 공간들은 독립 이후에도 여전히 식민 보국의 대리 보충적(supplementary) 공간으로 기능한다.[14] 상하이 역시 홍콩이 영국 식민지였을 때 이루었던 경제 발전과 도시의 화려한 이미지를 그대로 가져와서 자연스럽게 포스트콜로니얼 문화의 대변자가 된다. 즉 상하이의 과거와 미래는 분명히 제국의 공간으로서 그 시간성이 조정된다고 말할 수 있다.

상하이의 과거와 미래 시간을 평행하게 보는 시각도 존재한다. 요한 바이드(Johan Vaide)는 상하이를 '접촉의 공간(contact space)'으로 명명한다.[15] 그는 아편전쟁 당시 서양의 강압으로 세계를 접촉할 수밖에 없었던 상하이가 2000년 이후 자발적으로 세계와 접촉하는 공간이 되었다는 점을 지적한다. 하지만 '접촉'이라는 가벼운 해석만으로 중국이 상하이 공간에 새로운 의미 부여할 수 없다는 점은 확실하다. 이는 과거와 미래 시간을 점유한 제국주의 사고임을 부정할 수 없다.

실제로 이런 생각들은 완벽하게 '(중국이 받았던) 식민지적 상황과 (중국이 앞으로 행할) 신제국주의적 상황'이라는 이중적 의미를 포개 놓는다. 상하이는 중국 밖의 세계에 대해 이제 굴욕적이거나 불행하거나 억압받지 않는다, 중국이 만약 '천하주의(天下主義)'를 등에 업고 신제국주의 국가가 되리라는 꿈을 지니고 있다면, 상하이는 그러한 미래적 방향성을 열어 줄 실험 장소로서 완벽하다. 그리고 이러한 불손한 야욕은 반드시 겉으로 그 추악한 모습을 드러내지 않아야 한다. 따라서 상하이의 꿈같은 공간들은 행복을 가장해야만 한다. 그 행복을 이루는 미학은 미래지향형 중국 도시에 관한 미학관을 단단히 구조화하고, 상하이 감성 공간 분할의 기조가 된다.

실제로 상하이시 정부는 상하이 부흥을 위해 1998년부터 문화적 코드를 도시 곳곳에 집중 배치했다. 1998년 상하이시 정부는 헤리티지 공간으로서 '포스트 아편전쟁 지구(post-Opium War era)' 열다섯 곳을 지정하고, 2003년에는 '상하이시 미래계획'에 착수한다. 그 결과 2005년에는 포스트 아편전쟁 지구가 마흔세

곳으로 확장된다.[16] 중국의 치욕인 '아편전쟁'이라는 코드는 다시 부활하면서 새로운 의미의 공간 모델로 창출된다. 이러한 점이 바로 부흥이 지닌 이중적 코드의 불편함이다. 한편 포스트 아편전쟁 지구에서 나타나는 주택 형태, 소비 형태, 새로운 수익 형태의 공장이나 상점들의 모습은 상하이라는 도시가 식민지라는 위치를 어떻게 식민자 혹은 식민할 수 있는 제국주의자로 전환할 수 있는지를 확실하게 보여 준다.

상하이에서 일어난 역사적 사건으로서 이중적 코드는 상하이가 '식민과 제국'이라는 이중적 미학관을 지니도록 만든다. 이는 과거 시점을 나타내는 미학을 불러오지만 결코 과거로는 돌아가지 않겠다는 '컨템퍼러리 미학'이 형성될 가능성에 관한 포고이기도 하다. 이것이 상하이를 읽어 내는 중요한 이중 문화 코드 중 하나다.

두 번째로 살펴봐야 할 구도는 과거와 미래라는 양 축이다.

상하이에서는 과거가 지워지지 않은 채, 현재와 미래 시간을 구축하는 근본 구조로서 가시화된다. 그 과거는 '헤리티지'와 같은 모습으로 드러나 굳건히 상하이의 시각화된 전경을 이루며, 현재 겉으로 드러난 상하이의 과거에서 과거를 읽어서는 안 된다는 독특한 시간 개념을 제시한다. 이는 과거와 미래를 동시에 놓고 새로운 시간을 조직하려는 미학과 관련되는데, 이것이 상하이를 읽어 내는 또 하나의 축이 된다. 이를 위해서는 상하이의 미학적 감성 공간들과 미래적 시간에 관한 새로운 시공간 개념, 그에 따른 미학을 다시 정립해야 한다.

상하이의 도시 공간들은 일면 1920, 1930년대 모더니즘을 지향하는 듯하지만, 와이탄 지역을 복원함으로써 얻는 모더니즘은 실제 유럽 초기에 나타났던 모던함이나 도시성과는 차이가 있다. 상하이 도심 상점들의 '파사주(passage)' 형태를 보면 그 차별성이 확연히 드러난다. 원래 베냐민은 파사주의 유리 돔이라는 투명한 이미지 아래 숨겨진 자본주의의 위험성에 주목했다.[17] 그러나 와이탄에는 이러한 투명함이나 전시가 없다. 왜냐하면 와이탄의 건물들은 처음부터 서양 제국주의자의 본국 건물들을 모방한 아류들의 집합체이기 때문이다. 물론 19세기 말과 20세기 초에 유명한 건축가들이 지은 건물들도 있다. 하지만 유명한 건물을 사이사이에 두고 모든 건물이 비슷한 효과를 지니도록 모방되었다. 따라서 이곳은 제국주의적 위험성과 야욕을 모두 그대로 전시한다. 여기서는 숨길 것이 없다. 그런 의미에서 투명하다면 투명하지만, 적어도 가시적으로 투명한 유리 구조나 돔 형태를 취하지는 않는다. 오히려 상하이의 건물들은 너무 상스러울 정도로 제국주의자들의 자본 야욕을 여기저기서 뿜어 댄다. 이는 분명히 제국이 낳은 괴물의 실체다.

원래 파사주의 전시적 성격은 소비자인 부르주아들과 관련된다. 20세기 초 중국 상하이를 점령한 서양인들은 부르주아로서 상하이를 식민의 대상으로 여겼으며, 소비보다는 생산에 중점을 둔 공간들이 도시 대부분을 차지하게 된다. 따라서 상하이에 세워진 건축물들은 식민 생산의 공간으로서 존재하는 것이 우선이었다. 이 생산 공간의 주인이었던 서양인들은 아마도 이곳에서 벌어들인 돈을 자국으로 가져가서 소비했을 것이다. 따라서 와이탄의 이러한 건물들에서 이루어진 주요 향락과 소비는 사실 중국인 노동자와 부르주아의 몫이었다. 이들이 20세기 초 상하이의 실제 소비자들이다. 와이탄을 중심으로 난징둥루, 난징시루, 징안(靜安區)까지 이어지는 상하이 구시가지에는 여전히 공장이나 상업적 목적을 위해 지어진 무역 회사와 공관들이 도로망을 따라 화려하게 자리 잡고 있다. 그리고 생산 공간에서 노동해야 하는 중국인들의 공간은 그 옆으로 혹은 뒤로 빽빽이 박혀 있다. 물론 서양인들의 거주지가 상하이 서쪽으로 생겨나기 시작하면서 양팡(洋房)과 같이 서양인들의 주거지를 흉내 낸 중국인 자산가들의 집도 생겨났다. 이 중국인 소비자들은 계층이 다양하다. 신흥 부유층부터 가장 밑바닥 노동자까지 상하이 전 거주민이 대상이었다. 이들 역시 상하이 도시 생활을 위한 소비를

©kimyoungmi

푸둥의 투명함

푸둥의 투명함은 공간 사이 경계들을
없애고 전체적으로 유토피아적
미래의 개방성을 가시화한다.

이어 나갔다. 여기서 20세기 초의 상하이 파사주가 제국주의자들의 소비 공간이 아니라 그들이 콜로니얼화하고 싶었던 지역에 살던 상하이인들의 공간이었다는 사실이 드러난다.

한편 황푸강 건너편 푸둥 지구에 들어선 새로운 공간들 역시 특이한 형태를 띤다. 이곳은 1992년 덩샤오핑(鄧小平)의 남순강화(南巡講話) 이후 발전했고, 푸둥 개발계획에 따라 상하이의 신지구로 선정되었다. 이곳은 외벽이 유리로 되어 있는 개방형 건축물들이 주를 이루고 있다. 투명한 유리 건물들은 포스트 사회주의 중국의 최고 부유층들이 이용하는 소비 및 금융 공간을 전시한다. 바로 21세기형 상하이 파사주다. 이 푸둥의 21세기형 파사주는 바깥 공간과 내부 공간을 구별하지 않거나 과거의 향수를 자아내는 민족적 표식 등이 아무런 역사성이 없이 인용되는 특징이 있다. 하지만 상하이 푸둥에 세워진 유리 건물들은 표면적으로는 투명하지만 내부 구조는 철저하게 위계적이고 폐쇄적이다. 각 층은 서로 다른 목적으로 사용되며, 절대로 공간을 함께 사용하지 않는다. 엘리베이터에서는 1층, 51층, 52층만 누르도록 설계되었다. 중간층은 절대로 접근할 수 없다. 푸둥 지구에 새로 세워진 투명한 건물들은 철저하게 계층별로 공간이 나뉘어 위압감만을 준다. 따라서 이 건물들은 확실한 계층성이 있으면서도 투명하게 열려 있고, 어떠한 양식도 없고 시간성도 없는 그런 투명성을 지닌다.

이로써 상하이는 중국과 중국 바깥의 세계를 지리적으로 연결하고 과거로 회귀하는 듯하지만 결코 돌아가서는 안 되는 과거를 시각화한다. 이런 모순이 상하이 곳곳에 퍼져 있으며, 그 모순들은 덩어리를 이루어 독특한 도시 감성을 만들어 낸다.

새로운 시간을 얹어야 할
공간으로서
상하이

현재 중국 상하이는 다른 자본주의 대도시와 마찬가지로 부지런히 새로운 생산 가능성을 지닌 공간들을 창출하면서 대도시로서 도시 감성을 공유하고 있다. 중국 상하이에 새로 생긴 공간들은 '중국스러움(chineseness)'보다는, 세계의 주요 대도시와 동일한 감성을 느낄 수 있도록 해 준다. 세계 각 감성 공간은 21세기 들어 중요한 소비 공간으로 각광받고 있으며, 중국 상하이 역시 이러한 대열 속에 있다.

역사적으로 상하이가 도시로서 자리매김을 하는 데는 '대도시'와 '정부 계획'이라는 두 가지 키워드가 작용했다. 이 두 가지 키워드를 합치면 상하이라는 도시가 자연 발생적으로 형성된 것이 아니라, 확실한 어느 시점에 계획적으로 구상된 도시라는 결과가 나온다.

상하이가 정부 주도하에 법적으로 최초의 계획도시로서 공간이 구성되기 시작한 때는 1939년이다.[18] 이 계획은 장제스 (蔣介石)가 1920년대 '대상하이 계획(The Greater Shanghai Plan, 1927~1937)'을 수립하면서부터 시작되었고,[19] 지금까지 진행된 상하이 도시 계획 중 첫 번째 버전인 '1.0 상하이'였다. 이 계획의 주요 목적은 'New Bund'를 수립하는 일이었다. 외국인 정착지 가 포함되어 있는 푸시와 통합하기 위해 푸둥이 새로운 항구로 서 개발되고 이로써 상하이를 '대극동 항구(Great Eastern Port)'로 만든다는 내용이었다. 장제스의 기본 상하이 계획은 쑨원(孫文) 에게서 비롯되었다.[20] 푸둥과 푸시를 잇는 대상하이 계획은 이 때부터 시작되었다.

상하이의 중국 대 서양 양대 구도는 2004년에 열렸던 주요 행 사에서 그 개모를 드러냈다. 2004년 프랑스와 수교 100주년 기 념 행사에서 중국 정부는 상하이를 중국의 파리로 재구성하겠다 는 계획을 세운다.[21] '파리'는 유럽의 코즈모폴리터니즘과 메트 로폴리타니즘을 동시에 표방한다. 또 한편으로 조계지 시절 처음 부터 상하이를 가장 넓게 차지했던 나라가 프랑스였다는 사실[22] 을 일깨워 준다. 물론 상하이로 가장 먼저 들어온 나라는 영국이 었지만, 상하이의 주요한 영토 대부분이 프랑스 조계지였다는 역 사적 사실을 인용함으로써 프랑스 문화를 중국 공간에 덧입힌다. 20세기 초기 영국, 독일, 러시아, 미국 심지어 일본까지 상하이의 공간을 이렇게 저렇게 차지하고 있었지만, 중국은 프랑스를 선택했다. 이는 파리가 유럽 문화의 중심이듯이, 상하이를 아시아 문화의 중심 도시로 지목한다는 의미다.

여기서 상하이를 반드시 대도시로서 접근해야 하는 이유가 생기는데, 상하이가 코즈모폴리터니즘 속에서 이중적 성격을 띠고 있기 때문이다. 바로 20세기 초기 조계지였던 상하이와 2000년 이후 국제적 도시로 발전한 상하이다. 상하이는 이 두 가지 성격을 대도시 안에 굳게 갖추고 있으며, 그 이중적 성격이 상하이라는 공간이 겪은 정확한 역사적 경험을 나타내는 장소성이 된다.

또한 상하이에 장소성을 더 확실하게 부여하는 것은 바로 상하이가 분절화된 계획도시라는 사실에서 온다. 데이비드 하비는 유럽이 현대화될 수 있었던 중요한 키워드 가운데 하나를 '시공간 압축(time-space compression)'으로 본다.[23] 20세기 초기 권력으로 공간을 이분, 삼분해서 정확하게 분절화해 유토피아를 달성하려 했던 도시의 계몽적 기획들은 여기서 조우한다. 이는 지상에 있는 땅, 즉 비어 있는 공간을 신이 아닌 인간이 지배하고 통제할 수 있도록 계획하여 도시라는 공간을 재구성한다는 의미로 해석된다. 따라서 모던화된 도시는 등질화된 공간 위에 구축된 유토피아, 즉 미래성을 함축한다. 상하이는 정확하게 모더니즘의 거대한 공간 계획 속에 있었던 유럽의 모더니즘 도시 계획과 시간을 같이한다.

운명의 시간은 1997년 홍콩 반환과 함께 다가왔다. 1990년 덩샤오핑의 남순강화는 이것의 예고편이었다. 덩샤오핑은 중국의 남쪽 도시들 가운데 하나는 필연코 홍콩과 대등해지거나 홍콩을 대체해야만 한다고 생각했던 듯하다. 상하이는 이렇게 홍콩의 코즈모폴리터니즘을 이어받게 된다.[24] 그러고 나서 덩샤오핑은 그 핵심 지구로 푸둥을 선택했다.[25] 이는 홍콩의 경제적 번영을 이어받는 문제였다. 창장강 삼각주(長江三角洲) 지구가 경제 번영을 이루는 데 핵심이 된 푸둥은 완전히 새로운 성격의 상하이를 제시한다. 세계적 도시로서 문화적 감각을 내세운 상하이에서 이 새로운 성격은 경제 부분의 실질적 기초가 된다.

이로써 다시 한번 푸시와 푸둥의 공간적 성격이 상하이 코즈모폴리터니즘을 보여 준다. 프랑스로 대변되는 과거의 코즈모폴리터니즘은 서쪽으로, 이제 그것을 극복한 아시아의 파리로서 미래 중국의 코즈모폴리터니즘은 동쪽으로 배치된다. 20세기 초기의 상하이의 제국주의와 식민주의는 이와 같은 방식으로 21세기형 제국주의, 신식민주의로 덧칠된다. 중국이 좋아하는 '신(new)'이라는 접두어는 언제나 이렇게 과거의 치욕을 덧칠할 때 등장한다. 신중국, 신사회, 신인민, 신시대 등은 모두 그런 의미에서 매우 중국적이면서 동시에 과거를 밑에 두고 미래로 향하는 독특한 시간 개념을 보여 준다. 상하이를 신상하이라고 부르지 않는 정도로 만족해야 할 지경이다. '새로운 것'은 분명히 상하이 컨템퍼러리 미학의 핵심이다.

　그리고 이제 상하이가 '세계 대도시'가 될 역사적, 행정적, 경제적, 문화적 준비가 모두 갖춰졌다.

3

제국이 낳은
괴물

근본적으로 중국은 제국주의를 버리지 못했고 지금까지도 미련이 남아 있다. 제국주의를 사랑하고 흠모하게 된 그 시작은 중국이 자신을 서양적 개념인 '국가(Nation)'로 인식한 지점부터라고 할 수 있다. 국가라는 개념은 몇천 년 지속되어 온 중국 고대 왕조의 가치관을 송두리째 흔들었다. 그리고 그 열등의식은 시진핑의 신제국주의를 낳고 만다.

중국은 태생부터 제국주의를 국가 모델로 인식했을 가능성이 크다. 청 왕조는 반드시 바뀌어야 할 국가 패러다임이었고, 새로운 공화국으로 향할 수밖에 없었다. 하지만 이 과정에서 이른바 현대적 모순이 일어난다.[1] 바로 중국 자신을 침략한 제국주의와 손잡아야만 하는 현실을 말한다. 물론 서구 침략에 대항해 자주적 국가를 수립하자는 민족적 기류 또한 있었다. 이러한 흐름은 곧 중국이 새로운 국가 개념의 헤게모니를 위해서 어쩔 수 없이 제국주의와 손잡는 동시에 중국 내부에서는 국가 구심점을 위한 혁명으로 드러났다. 20세기 초 중국이 취했던 '체용론(體用論, ti-yong dualism)'과 같은 의식이 대표적이다. 중국이 현대화 과정에서 주목했던 외부 형식으로서 '체'와 내부 내용으로서 '용'이라는 이분법적 사고의 중심에는 서양이 기술적으로 선진이고 중국은 후진이라는 의식이 있었다.[2] 이는 결국 중국의 내부 내용은 그대로 둔 채 서양의 유물론적 발전을 계속해서 갈망하게 만들고, 지속적으로 외부 형식인 물질적 방법론을 바꾸는 형태로 드러났다. 지속적으로 앞을 향해 나아가고 싶은 중국의 열망은 '유토피아'라는 미래 개념과 늘 맞닿아 있다. 즉 중국의 미래는 제국주의로부터 출발하고 그것이 완성되어야 유토피아에 도달한다.

제국주의는 과거에 존재했지만 지속적으로 중국에 현재적 미래를 제시한다. 이러한 개념은 20세기를 '다중적 시간성의 정치와 자기부정(Politics of Multiple Temporalities and Self- Negation)'이라고 표현한 왕후이(Wang Hui)의 의견과 완전히 일치한다. 왕후이는 공간 전회의 문제를 100년 단위로 끊어서 중국에 초점을 맞춘다. 그는 19세기를 제국주의라고 규정하고, 20세기를 19세기가 낳은 '이상한 창조물(strange creature)'이라고 보았다.[3] 제국주의가 사라지면서 제국의 타자들은 그들의 역사를 내면화하고, 자신의 역사를 세계적 범위 속에 자리하게 했다. 20세기 중국 역시 그들의 정치를 지속적으로 부정하고 자신의 위치를 잡는 과정에서 시간성을 미래로 향하도록 했는데, 왕후이는 이렇게 새로운 것을 추구하고 오래된 것은 지양하는 개념이 종종 진화와 진보를 나타내는 시간관으로 구체화되었다고 지적한다. 여기서 주목할 점이 '제낳괴', 바로 제국주의가 낳은 괴물이다. 중국은 마치 친부와도 같은 제국주의를 버려야 하면서도 또한 제국주의와는 떼려야 뗄 수 없는 운명에 놓인 셈이다. 21세기 포스트 사회주의 중국의 신제국주의는 그런 운명을 지닌다. 여기서 중국 신제국주의가 꿈꾸는 유토피아의 흉측한 모습들을 상상할 수 있다.

상하이는 과거 제국주의의 시간 속에 미래의 신제국주의를 포개는 시간 중첩으로써 유물론적으로 공간 전회를 이루고 있다. 이러한 공간 전회는 확실히 미래나 유토피아와 관련되며 21세기 중국의 새로운 공간 미학을 드러낸다.

첫째, 과거로 '돌아간 것(Return)' 같지만 사실은 과거 위로 미래를 포개는 신시대 중국만의 시간 개념이 적용되는 신제국주의 미학을 배치한다.

둘째, '포스트(Post)' 사회주의는 사회주의와 상관없이 분명하게 자본주의를 드러내며, 도시 공간 깊숙한 곳에서 자본주의 미학을 형성한다.

이 모든 것의 중요한 철학적 근간은 새로운 시간 개념이다. 바로 과거를 보여 주면서 동시에 미래를 포개 놓아 독특한 덩어리로 뭉쳐진 추상적 시간 개념이고, 미래를 향한 욕망을 숨기는 은유적 성격의 시간 개념이다. 이것이 바로 신시대 감각이다. 따라서 이 새로운 차원의 시간 개념은 상하이 각 공간에 모두 적용되어 여러 가지 모습으로 도시 곳곳을 장식하게 된다. 이러한 공간들은 중국의 제국주의와 신제국주의에 관한 욕망이 한곳에서 콜라주되어 드러나는 대환장 파티의 현장이나 다름없다. 하지만 이 기괴한 개념들이 함께 안착된 공간에서 활동할 모든 사람은 신시대 중국의 컨템퍼러리 미학에 훈육당할지도 모른다. 왜냐하면 이 독특한 시간 개념의 목적이 포스트 사회주의 중국이 지향하는 '미의 이데아'를 실현하는 일이기 때문이다.

따라서 21세기 상하이의 물리적 절대 공간들 속에서 읽어 낼 수 있는 추상적 재현의 코드는 다음과 같다.

첫째, 과거와 미래가 함께 작동되는 공간들이 나란히 배치된다.

한편으로는 1978년 개혁개방 이후 생겨난 시간에 관한 조급함과 강박관념이 표출되고 또 한편으로는 미래를 향한 시간이 드러난다. 여기에서 미래는 선진을 나타내며 꿈과 같은 희망으로 표출된다. 이는 물질적 부유를 일컫는다. 상하이 절대 공간들에서 나타나는 물질적 부유는 그들의 미래를 의미함과 동시에 현재성을 띤다.

둘째, 부흥의 이미지에 부합하기 위하여 다시 부흥해야 할 지점들을 공간화한다.

주로 상하이의 옛 건물들을 박제화하거나 존재하지 않았지만 있었을 법한 가짜 노스탤지어 감성들을 끌어오는 방법을 사용한다. 이는 절대 공간의 새로운 역사를 쓰는 데 주요한 추상적 작용을 할 수 있다. 그러나 사실은 이러한 공간들이 지닌 상상 이미지들은 굳게 박제화한 모습 때문에 생동감을 잃게 된다. 따라서 제국주의 시기의 유물들은 죽은 채로 존재하며, 현재 포스트 사회주의 모습과 나란히 배치됨으로써 반면교사 삼도록 만든다. 그 과거들은 지속적으로 현재 중국의 미래를 자극한다.

셋째, 사회주의를 표방하면서 자본주의적 욕망을 노골적으로 가시화한다.

물론 이를 포스트 사회주의라고 일컫는다. 모두가 다 같이 잘 사는 '공동부유'는 이 기괴한 욕망을 집약적으로 표현한 단어다. '공동'은 사회주의적 이상을, '부유'는 자본주의적 이상을 드러내며 그렇게 잘 붙어 있다. 소강사회라는 소박한 단어는 중국의 과거를 버리지 않고 국가 이데올로기 속에서 지속적으로 중국의 과거가 '중국적인 것'으로 자리하게 만든다. 말하자면 사회주의와 자본주의가 가장 이상적으로 실현될 공간이 바로 중국이라는 뜻이다.

넷째, 지난 사회주의를 떨쳐 버리고 낭만적 기억만 남게 한다.

새로운 사회주의를 펼쳐 내기 위해서 상하이 각 절대 공간의 성격이 변화한다. 이는 실제로 절대 공간에 사는 인민들을 재배치해서, 인민들의 생활 반경과 경로들을 새롭게 조직함으로써 이루어진다. 여기서 '예술'이라는 소프트한 방법이 주효한데, 주로 집단적으로 생산하던 산업 현장들을 개별적으로 창조하는 예술 공간으로 바꾸어 공간 전회를 이루는 방식을 취한다. 결국 포스트 사회주의 중국으로 규정되는 제낭괴의 현장들은 새로운 생산과 소비 방식으로 과거와 미래의 시간들을 새롭게 배치함으로써 공간 미학을 형성한다.

4

헤리티지

상하이 '헤리티지' 감성을 느낄 수 있는 공간들은 박제화되어 도시 곳곳에 박혀 있다.

헤리티지 건물들은 유물론적으로 상하이의 과거를 증명한다. 이러한 공간들에서는 실제 과거를 보여 준다기보다 과거와 미래를 연결한다. 헤리티지 감성 공간들은 중국 정부가 만드는 부흥 이미지와 직접적으로 관련되기 때문에, 중국의 신제국주의적 열망이 가득히 자리한다. 또한 미래를 품은 과거 헤리티지 공간들은 현재를 살고 있는 사람들에게 가짜 과거 시간을 만나는 신기한 경험을 선사한다. 하지만 안타깝게도 이 박제화된 시간들은 결코 살아나지 못하고 그대로 죽어 가고 있다.

왜 '헤리티지'라고
불러야
하는가

헤리티지 감성은 '헤리티지(Heritage)'의 가치를 재발견하고 경제적으로 새로운 투자처로 지목된 장소들과 관련된 공간 미학이다. 중국의 20세기 역사가 낳은 유산들이며, 중층적 의미를 지닌 공간들이다. 이 공간들을 특별히 영어 발음 그대로 '헤리티지'라고 불러야 하는 이유는 상하이에 남은 두 가지 역사적 유산을 구분하기 위해서다. 상하이의 역사적 유산에는 서양 제국주의가 남긴 것과 사회주의 성립 이후 조성된 산업 유산이 있다. 물론 시간적으로 먼저 제국주의의 흔적으로 남은 헤리티지 공간들이 있고, 이 헤리티지 공간들이 다시 재개발되어 사회주의 유산으로 덧입힌 경우도 있다. 여기서 말하는 헤리티지 공간은 지금까지도 서양 제국주의의 흔적을 그대로 남긴 장소들의 집합적 명사를 뜻한다.

상하이는 상하이의 시간적 가치를 전시하고 배치하기 위하여 도시 곳곳에서 헤리티지들을 선정하고, 헤리티지로 선정된 각 건물의 대문 옆 기둥에는 건축 연도와 사용처를 써 두었다. 이런 헤리티지 공간들은 주변에 포진된 다른 헤리티지 공간들과 연결에 중점을 두고 지금 한창 개발되고 있다.

헤리티지 감성은 푸시 일대인 기존의 상하이 구시가지를 중심으로 만들어진다. 난징둥루, 난징시루에서부터 징안루까지 일직선으로 이어지는 구시가지에는 헤리지티로 지정된 건물들과 교회, 스쿠먼(石庫門) 양식의 건물, 리롱 양식의 비에수(別墅)가 그득하다. 19세기와 20세기 초를 거쳐 만들어진 진짜 헤리티지 건물 중간중간에는 2000년 이후 새로 지어진 가짜 헤리티지 건물들이 배치된다. 이른바 '상하이 모던'이라고 불리는 이 공간들은 진짜 헤리티지와 가짜 헤리티지인 모방 건물들을 연결하며 전체적으로 헤리티지 감성을 만들어 낸다.

이곳에서는 두 가지 경향이 나타나는데, 하나는 '낡음'이다. 난징시루에서 황피난루(黃陂南路)로 이어지는 옛 거리는 시내 중심부에 있지만 그렇게 화려하지는 않다. 왜냐하면 도심 내 화려한 상업 지구 옆으로 바로 중국의 중하층 인민들의 거주지가 있기 때문이다. 인민의 일상생활과 가까운 지하철역, 버스 정류장이 포진해 있고, 낡은 거주 공간이 그대로 방치되어 있다.

또 다른 경향은 '낡음을 가장'한 것이다. 최근에 새로 생긴 헤리티지 모방 건물들은 그 외양은 그대로 유지하지만 내부 시설을 편리하게 재건축하여 인테리어를 바꿔 놓았다. 다만 진짜 헤리티지와 그 사이 중간중간에 포진한 가짜가 연결되는 지점에 행인들의 눈높이에 맞춰 헤리티지처럼 보이는 건물 장식과 유명 브랜드 상표를 동시에 노출한다. 이렇게 되면 가짜와 진짜가 얽히면서, 컨템퍼러리적 감성을 띠게 된다.

여기서 중요한 점은 공간의 운용이다. 헤리티지로 선정된 공간 옆으로 현대적 공간들을 배치하여 서로 시간성이 얽히도록 만들었다. 그리고 그 공간들을 맞닥뜨렸을 때 느끼는 상하이 헤리티지에 관한 감성이 현재적으로 작용하도록 만든다. 여기에도 미묘하게 다른 점이 있다. 헤리티지 감성을 느낄 수 있는 장소들은 올드 상하이(老上海)의 올드한 감정은 그대로 남겨서 상하이 로컬리즘을 강화하는 동시에 고층 건물과 고급 주택들을 나란히 배치해 상하이 컨템퍼러리성을 연결한다.

푸시는 다시 동쪽 번드(Esat Bund)와 서쪽 번드(West Bund)로 나뉜다. 동쪽 번드는 와이탄으로 대표적 서양 조계지고, 서쪽 번드는 라오청샹(老城廂)으로 서양 조계지 시절 중국인들의 공간이었다. 이곳은 분명히 제국주의 시기 상하이라는 공간의 쓸모를 가장 여실히 보여 준다. 1949년 이후 서쪽 번드는 대규모의 사회주의 시기 산업 공장들과 노동 단위들로 변모했다. 전체적으로

황피난루에 위치한 헤리티지 모방 건물

도심의 쇼핑 센터와 과거 1930년대 지어진 건물 사이를 연결하는 가짜 헤리티지 건물로,
헤리티지 감성을 확장한다.

주요 공장들은 이미 예술 단지와 문화 공간으로 바뀌었지만, 여전히 예술 단지 중간에는 사회주의 시기 일반 노동자들의 공간이 그대로 보존되어 있다. 동쪽 번드와 서쪽 번드가 연결된 이곳은 바로 제국의 헤리티지와 사회주의 시기 산업 유산을 모두 볼 수 있는 20세기 산업 유산들의 흔적 구간이 된다.

또 하나는 제국 시기 일본인이 점령하던 공간들로, 주로 쑤저우 하천(蘇州河)을 중심으로 이루어지는 헤리티지 공간이다. 여기에는 독특하게 일본 제국주의 생산 공장을 사회주의 시기에 그대로 이어받아 대표적 사회주의 시기 지어진 공장 건물과 제국주의 헤리티지가 동시에 존재한다. 이 공간들은 상하이 시민들의 노동 현장이라는 과거를 드러낸다. 이곳 역시 포스트 사회주의 시기에 새로운 예술 단지로 거듭나면서 공간 전회를 이루었지만, 기본적으로 서북쪽 쑤저우 하천의 산업 헤리티지들은 미래 최첨단 벤처 기업들이 이 공간들을 점령했다. 말하자면 새로운 상하이 노동자들이 이곳에 배치된다. 또한 푸둥 남쪽 끝자락에 있는 지역은 푸둥의 미래를 더 미래적으로 안배한다. 이곳에서 주로 쓰는 방식은 공식 국가 행사들을 유치함으로써 모든 인민이 여유 공간으로 활용하면서 최첨단 미래 공간들을 볼 수 있도록 한다. 따라서 쑤저우 하천 지역의 산업 현장 헤리티지는 푸시의 확장선상에서 '제국주의와 사회주의'의 헤리티지와 산업

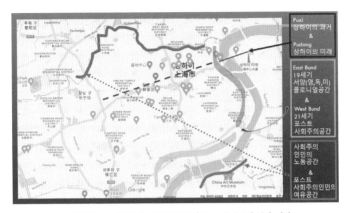

중국의 포스트 사회주의 세계관을 보여 주는 유물론적 공간 배치

중국의 과거를 그대로 전시하면서 미래가 이미 도착했다는 시간 개념을
공간적으로 나란히 배치했다.

유산들의 복합 구조로 이해할 수 있고, 푸둥의 끝자락은 푸둥의
확장선상에서 중국의 유토피아 미래를 더욱 가시화한다고 말할
수 있다.

　헤리티지로 지정된 지역들은 상하이 모던에서 '모던'을 강조
하기보다는 실제로는 '상하이'에 더 중점을 둔다고 말할 수 있다.
이 오래된 헤리티지 건물들은 백과사전처럼 분류되어 도시 곳곳
에 박혀 있다. 이들은 결론적으로는 상하이의 과거와 현재 모습
을 혼동하게 만드는 것이 아니라, 오히려 분리한다. 과거는 과거
대로 방치하거나 특수화해서 분류하고, 그 옆은 현재성을 띠도

록 조직한다.

　상하이 일반인의 주거 공간과 예술가들의 작업 공간이 결합되는 경향은 '도시 프로젝트' 중 하나다. 데이비드 하비가 도시 프로젝트를 거론했던 시기는 모던에서 포스트모던으로 넘어가던 1968년 이후 1970년대였다.[1] 당시 유럽 각국은 주로 박물관이나 전원주택 등 과거 형태들을 떠올리도록 건물을 재구성해 도시 경관을 재생해 나갔다. 사실 이 개념은 로버트 휴이슨(Robert Hewison)이 과거와 현재의 지속성 사이에서 민족 정체성을 강화할 때 강력하게 사용될 수 있는 사회적 연화제로 풀이했다. 유럽의 포스트모던 건물들로 구성한 도시 프로젝트는 일면 현재 중국 상하이의 헤리티지 산업과 유비된다. 그러나 영국과 중국의 헤리티지를 이용한 도시 프로젝트는 각자 서로 다른 시기에 각자의 경험을 바탕으로 진행되었기 때문에 차이가 있다. 영국은 1960년대 노동 시장의 불안정에서 비롯된 사회 불안 요소를 기억이라고 하는 감성팔이에 이용한 측면이 강했다면, 중국은 기억이라는 부분을 미래적 비전과 연결하는 재해석을 통해서 도시 프로젝트를 창출한다.

　상하이 도시 프로젝트의 특이성은 시 정부의 행정 방향에 국가가 적극 간섭한다는 점이다. 이는 상하이가 2000년 이후 신자유주의와 전 세계로 유행하는 헤리티지 산업을 연관 지어 문화창의산업으로서 상하이 도시 전체에 도시 프로젝트로 구체화하며 확고하게 자리 잡았다. 이 사업은 기존의 1920년대와 1930년대를 중심으로 한 전후 유럽식 건축물이 남아 있는 장소들을 상하이 도심에서 헤리티지 문화 구역으로 정하면서 진행되었다. 이는 이미 도착해 있는 중국몽을 확인할 수 있게 해 준다. 그리고 과거의 시간들을 현재의 공간으로 불러와 가시적으로 고정함으로써 얻을 수 있는 유물론적 방법으로 해석된다. 이러한 도시 계획 방식은 문화와 정치, 경제가 단단히 붙어서 현실을 실제 장소에 그대로 남겨 놓게 만든다. 과거 시간을 의미하는 상하이 헤리티지는 과거를 미래적 통일체로 구사하여 모사하기 때문에 독특하다고 평가할 수 있다. 여기서 기억은 과거를 구성하는 것이 아니라 미래를 가리킨다.

대표적으로 홍커우(虹口區)에 있는 라오창팡(老場坊, 1933 Old Millfun)을 들 수 있다. 이곳은 원래 소 도축장이었고, 소가 잘 미끄러져 내려가도록 설계된 콘크리트 경사로들이 피를 깨끗이 지우고 그로테스크하게 자리 잡고 있다. 현재 이곳은 각종 카페와 레스토랑이 있는 소위 '갬성 공간'으로 꼽힌다. 이곳과 더불어 거론될 수 있는 곳은 베이징시루(北京西路)를 중심으로 긴 블록을 형성하고 있는 헤리티지 공간들이다. 베이징시루는 푸시 쪽과 서북쪽 쑤저우 하천을 세로로 잇는다. 이곳은 푸시 쪽에 속하지

©kimyoungmi

포스트콜로니얼의 공간, 라오창팡

라오창팡 내부는 식민지 시기 노동 공간이었지만, 현재는 컨템퍼러리적 복합 문화
공간으로 연출되어 상하이의 포스트콜로니얼 공간 창출을 보여 준다.

만 상대적으로 나중에 개발된 헤리티지 지구다.

이곳 신역사 헤리티지 공간들은 푸시 쪽의 상하이 모던과 같은 싸구려 갬성은 끌어내지 않는다. 그저 그곳에 존재한다는 사실만으로, 역사적 증명이 된다. 따라서 상하이 헤리티지는 역설적으로 현재 헤리티지로 지목되는 과정에 있다. 그것은 존재했고, 존재를 증명하고, 다시 증명할 '존재'로 지목된다.

헤리티지와 관련된 상하이 프로젝트 가운데 상하이시 전체를 꽃으로 상정하는 '도심 꽃 프로젝트(花心+花环+花瓣)'는 더 넓은 공간 계획을 보여 준다. 이 도시 프로젝트는 화젠(花建)에 따르면 2015년 이후 상하이시가 국제적 도시로 발돋움하기 위해 상하이시 중심과 주변을 연결하고자 수립되었다. 시내 중심에서부터 600제곱미터 안에 있는 중심 지구를 '꽃', 상하이 도심에 있는 도시 고속도로 중환(中環)과 와이환(外環)을 중심으로 쉬후이 빈장(徐匯濱江地區)까지 포함한 확장 지구를 '꽃다발', 상하이 도시 주변의 위성도시와 새로 생긴 청전(城镇)에 세워진 새로운 문화창의산업 단지를 '꽃받침'이라고 한다.[2] 그 가운데 꽃 부분에 해당하는 베이징시루는 이 도시 프로젝트의 핵심이다. 베이징시루에서 징안까지 이어지는 이 상하이 도심 공간에는 1900년대 초기부터 1930년대까지 지어진 서양인들의 사무실과 해외 공관에서 일했던 외국인들의 실제 거주 공간, 병원, 교회 등이 즐비하다. 이 공간들에는 헤리티지 공간 구역임을 표시하여 각 건물의 역사적 시간들을 고정해 둔다. 원래 조계지 시절에 이 일대는 아이워이루(爱文义路)라고 불렸다. 20세기에 이곳은 이름 그대로 문학과 예술을 사랑하는 중국의 지식 계층과 서양인들의 전유물이었지만, 지금은 신역사를 이루는 상하이의 긍정적 헤리티지로 기능한다.

도심 꽃 프로젝트의 중심 키워드는 '기억 공간'들의 연결이다. 하지만 이 기억들은 과거 지향적이지 않다. 이는 조계지 시절 상하이의 집단적 기억이라는 신비스러운 느낌을 유지하고 구체화하는 기념비를 정점으로 한다. 가령 베이징시루 어느 건물 외벽에 붙어 있는 '1912년'과 같은 이정표는 과거 역사적 사건들을 건물 표면에 기록하는 동시에 전혀 경험하지 않은 것들을 건물 내외부에 마구잡이로 들여와 서로 콜라주(collage) 하면서 이어 붙인다. 이러한 건축의 가치 복합적 특성은 포스트모던 시기 일반적 건축 형태이기도 하다. 포스트모던 건물들이 지니는 '파편화(fragmentation)' 경향[3]은 상하이 컨템퍼러리 감성을 읽어 내는 데 중요하다. 이러한 건물들이 불러오는 '기억'은 기억된 기억이 아니라, 기억들 속에 존재했다고 속이기 위해서 존재하는 아주 작은 속임수들로 '구성'되었기 때문이다. 정확히 말하면 이 기억들은 기억이 없는 사람들에게 기억을 강요한다. 상하이 헤리

©kimyoungmi

베이징시루 헤리티지 효과

베이징시루의 우수 역사 건물 옆에는 중간중간 예쁜 카페가 있어
서로 시간성의 경계를 없애 준다.

난징시루의 스쿠먼 양식

상하이 모던을 보여 주는 중요한 건축 양식이다.

티지 공간 미학은 이와 같은 방식으로 시간과 기억을 속이며 컨템퍼러리 감성을 끌어낸다.

엄격하게 말하자면 상하이 헤리티지 감성은 현재의 도시 감성에 속한다. 즉 외형이 서양 유럽식인 건물들에서 나오는 아우라라고 말할 수는 없다. 실제로 여기서 상하이 헤리티지 감성을 충분히 조성하기 위해서 필요한 것은 과거를 현재화하는 방법이다. 기억해 낼 수 없는 과거와 실제로 현재 이 공간에 흐르는 시간은 상하이 헤리티지들 사이사이에 있는 컨템퍼러리 커피숍들에서 얽힌다. 과거 건물들 사이에 컨템퍼러리 커피숍이 나란히 배치될 때 이러한 감성 공간들은 과거와 현재 미래라는 직선적 시간 개념을 유쾌하게 무너뜨린다.

그리고 건물 표면에 건축 연도를 표시한 숫자들은 과거의 시간성을 의미하는 동시에, 도시를 바라보는 시각에 유희를 제공한다. 이러한 공간들은 사실상 새로운 부를 축적한 신흥 부유층의 공간들로 변모하여 이들을 사회주의 시기의 '인민'으로부터 멀어지게 만든다. 왜냐하면 헤리티지 감성 제조소들이 드러내는 20세기 초기 각 시간대가 쓰인 지표들은 바로 그 당시를 아름답게 기억하려는 노스탤지어, 즉 과거를 향한 로맨스로 구성되기 때문이다. 스쿠먼 양식으로 지어진 1920, 1930년대 상하이 리롱 구조의 집들은 베이징시루와 같은 헤리티지 공간이나 징안구에서 살짝 떨어진 난징시루 같은 지구에 즐비하다. 상대적으로 덜 화려한 일반 서민들의 집들도 소박한 과거, 상하이 모던을 연결하는 데 도움을 준다. 따라서 양팡에서부터 스쿠먼 양식으로 지어진 집들이 칸칸이 있는 리롱까지 이어지는 이 일대를 걸으면 조계지 시절 상하이 도심으로 들어가는 느낌을 준다.

현재 이곳 일대는 포스트 사회주의 중국의 신흥 부유층들과 기존의 주택 소유자인 인민들이 임대자가 되어 상하이 모던 감성을 느끼고 싶은 외부인들에게 임대와 상권 유치로 경제적 이익을 얻고 있다. 에어비앤비(Airbnb)와 같은 글로벌적 공유 경제를 형성하는 일이 대표적이다.

이로써 이런 20세기 초기 부르주아의 공간과 일반 서민의 공간들은 헤리티지가 되어 21세기에 지어진 헤리티지 모방 공간과 한꺼번에 헤리티지 효과를 얻게 된다. 그러나 비헤리티지 건물들 역시 건물에 숫자만 없을 뿐이지, 사실상 헤리티지 자체라고 할 수 있다. 따라서 이렇게 숫자가 박힌 헤리티지와 그 옆에서 숫자 없이 진짜 헤리티지를 보여 주는 공간들은 상하이에 관한 기억을 공유하고 싶은 기억 구매자들에 의해서 지속적으로 상하이 공간에 관한 기표 놀이로 작동될 수 있다. 또한 이곳은 인민 개인과 중국 정부가 상하이라는 공간 자체를 상품화한 대표적인 공간으로 변모하여 상하이의 핵심적 도심 공간들이 되고 있다.

중국을
  지운
유령들

20세기 초기 중국 현대 소설가 바진(巴金)과 쑨원의 부인이자 중국 현대 혁명의 중요한 인물인 쑹칭링(宋慶齡)의 고택 등이 자리한 화이하이루(淮海路)는 프랑스 조계지인 우캉루(武康路) 옆에 있으며, 색다른 형태의 상하이 고택들을 그대로 전시하고 있다.

　프랑스 조계지의 집들은 푸시에서 가장 넓은 면적을 차지한다. 이곳에 연출된 유럽풍 가옥들 역시 상하이 주거 퍼포먼스로 볼 만하다. 여기에도 중간중간 상하이 모던 시기의 비에수 같은 서민들의 거주지가 그대로 방치되어 있다. 실제로 지금도 이 고택들에는 상하이 시민들이 거주한다. 비에수에서 나와서 산책하고 아이를 데리고 들어가는 모습은 물론이고, 경비원들이 서 있는 유럽식 가옥은 안에 유령이 득시글거릴 것 같은 느낌마저 들어 신기함을 준다.

　프랑스 조계지는 황푸조약(黃埔條約)이 체결된 지 5년 후인

프랑스 조계지 양팡

여기서는 '중국'을 읽을 수 없다. 그렇기 때문에 모순적으로 '중국의 과거'를 박제화한다.

1849년이 되어서야 만들어졌다. 동북쪽으로 영국, 미국의 무역항과 치외 법권이 인정되는 조계를 두고, 남쪽으로 중국인들의 거주지인 라오청샹이 있었다. 이렇게 '끼인' 위치에 있던 프랑스 조계지는 중국과 다른 서양 국가 사이에서 그 중간자적 특색을 띤다. 20세기 초기에 이곳은 여느 치외 법권 지역보다 중국인들이 넘쳐 났고, 무정부 상태를 대표하는 장소처럼 한국을 비롯한 각국의 독립지사들이 자유롭게 활동할 수 있던 공간이었다. 프랑스 조계지에서 활동하는 중국인들은 스스로를 없애고 서양 제국주의자들을 가장 많이 흉내 내며 서양화되었다.

특히 프랑스 조계지가 지닌 독특한 제국성은 영국이나 미국, 독일 등 다른 서구 제국주의자들과 달리 거주자를 중심으로 공간을 조성하여 이곳을 동양의 파리로 만들었다는 점이다. 주거지 위주로 조성된 프랑스 조계지는 현물적으로 상하이에서 중국적 시각 효과를 완전히 지웠다. 프랑스 조계지 중심부를 동서로 가로지르는 애비뉴 조프르(Avenue Joffre, 화이하이루)로부터 동쪽의 애비뉴 두바이(Avenue Dubail, 현재 충칭난루 重慶南路), 남쪽 루트 라파예트(Route Lafayette, 푸싱중루 復興中路), 다시 서쪽 뤼 페르 로베르(Rue Pere Robert, 루이진얼루 瑞金二路)까지 이어지는 구역은 프랑스 주요 지명과 함께 프랑스식 빌라를 그대로 들여와 침략의 흔적보다는 파리를 재현하려는 움직임이 훨씬 더 크게 나타난다. 특

프랑스 조계지 핵심 주거지 (N)화이하이중루 (E)충칭난루 (S)푸싱루
(W)루이진얼루(시계 방향, 지명은 현재)

히 이 구역의 중심부인 애비뉴 두바이는 주거 전용 지역으로 상
업적 사용을 전혀 허용하지 않았다. 프랑스 조계지의 주거지들
이 주는 편안함은 번드에 하늘을 향해 높이 솟은 영국과 미국 제
국주의자들의 침략적 시각화와는 매우 대비되었다. 따라서 프랑
스 조계지의 주거지들은 부르주아 중국인들에게는 덜 공격적이
고 세련된 모습으로 다가왔을 것이다. 어쨌든 중국은 이러한 편
안함 속에서 더욱 자신들의 중국적 모습들을 지우고 프랑스의
세련됨을 닮고 싶어 했다.

  또한 프랑스 조계지 핵심 지역(화이하이충루-중칭난루-푸싱루-루
이진얼루)에는 19세기 후반부터 20세기 초반의 모더니즘을 상징

프랑스 조계지 아르데코 양식 건물

프랑스 조계지에 나타나는 아르데코 양식은 프랑스와 모더니즘을 동등하게 볼 수 있는
가시적 효과가 있다.

하는 아르데코(Art Déco) 양식 건물들이 그대로 보존되어 있다. 이 역시 모더니즘을 상징하는 2차 산업혁명 전기 제품들과 함께 '모던=세련'이라는 인식을 불러왔다.

프랑스 조계지에서 보여 주는 상하이는 중국적인 것과 서양적인 것을 섞지 않고 그대로 서양의 아류 같은 모습이다. 이는 서양적인 것이 곧 선진 문물이며 현재적 도시 감각을 드러낸다고 생각한 20세기 초기 상하이 권력층의 생각을 대변한다. 당시 이 공간을 점유했던 상하이 거주민들은 분명 특권 계층이다. 여기에는 중국적 요소가 끼어들 틈이 없다. 온전히 서양적 모습을 갖추어야만 특권을 얻을 수 있다. 또한 지정된 헤리티지 건물이 띄엄띄엄 있어서, 이 일대를 산책하면서 중간에 커피를 마시거나 갤러리에 들어갈 수 있도록 구성되었다. 하나의 장소가 아니라 베이징시루에서 우딩루(武定路), 캉딩루(康定路) 일대에 포진된 양팡들은 과거에도 특권층이 점유했듯이 지금도 특별한 건물로 그대로 남아 있다.

지금 헤리티지로 선정된 건물들 바깥에 놓인 낮은 철제 울타리나 여전히 이곳에서 살아가는 상하이 거주민들의 존재는 이곳을 고대 박물관같이 박제화하는 동시에 고립되게 만든다. 이곳은 준식민지 공간이었지만 스스로 식민지 공간이었음을 확고히 하는 증거로 작용한다. 그리고 이곳에서 지워진 중국적 모습은 자신을 부인했던 중국의 과거도 동시에 드러낸다.

게이트와
숫자들

상하이의 올드함을 강조하는 데는 최근 지정된 헤리티지들 문 앞에 붙은 건축 연도 숫자만한 것이 없다. 산시베이루에 있는 룽중징(榮宗敬)의 옛 저택에는 '1918'이라는 숫자가 붙어 있다. 숫자는 이 건축물이 무려 100여 년 전부터 상하이에 존재했다는 사실을 알려 준다. 건물 용도는 쓰여 있지만 사실 이곳을 지나가는 사람들이 알 리 없다. 어차피 실제로 사용하기보다는 소유자를 알리는 개념이기 때문이다. 실제로 1918 숫자 팻말 밑으로는 현재 프라다(PRADA)에서 보유하고 있다는 사실도 명기돼 있다. 신자유주의는 여기서도 기승을 부리면서 숫자의 위엄을 강조한다. 과거의 올드한 상하이가 지금도 서양 자본주의에 지배되고 있음을 보여 주면서 동시에 여전히 상하이가 서양인에게 관리당해야 하는 필요성과 가치를 알려 준다.

　그러니까 상하이 고택에 쓰여 있는 숫자들은 과거를 가리키는 동시에 현재의 존재 가치를 다른 방식으로 보여 준다. 현재 중국에서는 이러한 건물들을 '우수역사건축(優秀歷史建築)'이라고 부른다. 상하이에서 역사성이 겹치는 건물들은 주로 '국민당 정부 – 사회주의 신중국 정부' 또는 '서양 제국주의자들이 거주한 준식민지 공간 – 사회주의 인민의 거주지'와 같이 신중국 이전과 이후 시간이 겹치는 방식을 취한다. 우수역사건축으로 선정된 건물은 대부분 서양 제국주의자들의 공간을 인정하거나 서양 제국주의의 영향을 그대로 용인함을 의미한다.

명패에 쓰인 숫자는 그 공간의 성격을 가리는 역할을 하기도 한다. 즉 이 공간이 어떠한 용도였는지보다는 몇 년도에 건축되었는지 숫자를 강조함으로써 그 역사성만 드러낸다. 물론 이러한 방식의 효과는 명패가 걸린 건물들이 굳게 그 문을 잠그고 있음으로써 더욱 배가된다. 실제로 중국 내부에서 우수역사건축물 보수 작업을 어떻게 해야 할지에 관한 심각한 고민들은 여러 가지 글에서 확인된다. 과거 역사를 어떻게든 붙잡고 싶은 욕망인데, 여기서 그들이 부여잡고 있는 것에 초점을 맞추어야 한다. 바로 서양식 건물이 지어진 연대, 즉 숫자들이다.

숫자들은 상하이 감성 공간의 외부를 점령한다. 조금 더 들어가서 이 숫자들이 의미하는 것들을 다음 세 가지에 유의해서 살펴볼 수 있다.

상하이시 정부에서 헤리티지를
선정한 시점과 상하이 공간의 성격

중국이 19세기 말에서 20세기 초 상하이에 지어진 건물의 가치를 인식하고 국가 문화유산으로 선정하기 시작한 때는 1989년부터다.[4] 또한 시정부는 1991년 지방법으로 '상하이시 우수근대건축 보호 관리법(上海市優秀近代建築保護管理辦法)'을 제정하고 행정적으로 시행했으며, 이후 국가 법률안으로 넣어 본격적으로 시행하기 시작한 것은 2003년부터다.[5]

2003년부터 적용된 법률에 따르면 상하이 헤리티지는 두 가지로 나뉜다. 하나는 '역사풍모구(歷史風貌區)'이고 다른 하나는 '우수역사건축물'이다. 이 두 가지는 분리된 것이 아니라 개별적인 우수역사건축물이 집중적으로 배치된 커다란 구역을 역사풍모구라고 지칭하고 있으니, 결국은 개별 건물과 그 개별 건물이 모여 있는 구역이라는 차이만 있을 뿐이다. 역사풍모구 12곳은 와이탄, 인민광장, 라오청샹, 난징시루, 형산루(衡山路)에서 푸싱루까지, 위위안루(愚園路), 훙차오루(虹橋路), 산인루(山陰路), 티란차오(提籃橋), 룽화(龍華), 신화루(新華路), 장완(江灣)[6] 등이다. 이곳들에는 '올드 상하이'가 실제 있었다.

올드 상하이 공간의 중요성은 과거를 전시하기 위한 특별 공간으로 지정된 데 있다. 웨이다자(魏達嘉)는 역사풍모구 12곳에 '도시박물권역(都市博物圈)'이라는 명칭을 부여한다. 웨이다자는 역사풍모구로 지정된 건물들의 가치 보존을 위해서 이 건물들을 절대로 훼손해서는 안 된다고 말한다.[7] 그러나 이런 보존 방식은 헤리티지의 가치를 상하게 하는 일이기도 하다. 공간은 실제로 사람들의 활동이 이루어져야 한다. 하지만 이런 우수역사건축물들은 사람들이 게이트와 게이트 옆에 쓰인 숫자에만 집중하도록 만든다. 도시의 한 부분을 점령하고 있다는 의미에서는 웨이다자가 말하듯 우수역사건축물이 박물관처럼 여겨질 수 있다. 따라서 여기서 숫자들은 일차적으로 올드 상하이를 말 그대로 '옛 시간'으로 고정할 뿐이다. 박물관화를 주장하는 순간, 폐기의 수순을 밟는 것과 같다.

문제는 이 과거를 고정한 시간들이 바로 2003년 이후라는 사실이다. 중국이 신자유주의를 받아들이고 글로벌화에 눈을 뜬 시기다.[8]

상하이에는 현재의 코즈모폴리턴으로서 성격을 박제화한 과거 이미지로 제시한 공간들이 곳곳에 존재한다. 여기에서는 앞에서 말한 중국의 독특한 시간 개념, 즉 과거, 현재, 미래가 한 덩어리로 통일된 시간이 주효하게 작용한다. 이러한 흔적들은 유물로서 상하이가 이미 과거에 코즈모폴리턴이었음을 증명하여

민족 자산가 룽중징과 PRADA

민족 자산가 룽중징의 집은 굳게 닫힌 게이트와 숫자만이 이 집의 가치를 알려 준다.
지금은 프라다가 소유하고 있다.

현재를 보여 준다. 과거를 시각화한 장소 바로 옆으로 푸둥이라
는 신시가지가 대별되어 중국의 미래를 동시에 현물적으로 증명
해 내면서 이 시간들이 작동한다. 따라서 상하이의 과거는 미래
를 위해 밑으로 깔려야 하기보다는 새로운 방법으로 제시되어야
한다.

상하이 헤리티지 지역 건물의
과거 소유자와 현재 소유자

룽중징은 상하이 은행에서 일했던 민족 자산가로 집안 전체가 은행업에 종사했다. 민족 자산가는 중화인민공화국 수립부터 매우 중시되었던 계급이기는 하다. 하지만 민족 자산가는 사회주의 시기 내내 추앙받을 수 없었으며, 상하이의 노동자 계급 공간에서는 절대적으로 추방되어야 할 인물이다. 그러나 포스트 사회주의 시기 불려 온 그의 저택은 '콘크리트를 부어 전기선을 넣어 지은 건물'이라는 설명과 함께 이 건물의 현대성을 강조하는 방향으로 조명된다. 이는 지금의 상하이 공간을 점유했던 구체적 시간대, 즉 '1918'이라는 숫자로써 모더니즘적 상황을 게시하는 일이다.

1930년대부터 중국에서 현대적 의미의 자본주의를 형성해 나간 민족 자산가들의 공간을 노출한다는 것은 신중국이 들어서기 이전 중국의 자본주의적 흔적을 그대로 인정하는 일이다. 그러나 오히려 이런 자본주의적 흔적은 상하이에 메트로폴리탄이라는 성격을 부여할 수 있는 과거의 시간과 지금의 시간을 연결해 준다.

민족 자산가로 불린 이들은 실제로는 1920년대 상하이에 새로 떠오른 신흥 부유층이다. 그들은 기존의 무역 상업 경험을 바탕으로 하거나 서양인들이 거주한 집에서 직접 봉사하며 서양 제국주의를 조금 이르게 배웠다. 그래서 이들이 서양 제국주의의 모방자로서 지은 양팡들은 서양인들의 집과 나란히 건축되어 비슷한 효과를 누린다. 사실 이런 건물들은 주로 1945년 이전까지 지어진 건축물만을 의미하며, 저층에 외관이 화려한 점이 특징이다. 양팡의 외관은 앞서 살펴본 비에수와 같이 도심에서 모던을 상징한다. 그러나 여러 명이 한꺼번에 거주해서 나열식으로 건축된 비에수와 달리 양팡은 단독으로 형성되어 있다는 사실에서 차이가 크다. 특히 양팡은 2020년 이후 정부가 적극적으로 지원하고 또 해외의 지원 아래서 새로운 역사 유물로 탄생되고 있다는 점이 중요하다.9 룽중징의 저택은 '상하이 프라다'로 매각되어 역사 유물로 보호되고 있는데, 중국의 고유 문화권 안으로 외부 자본이 침범했음을 보여 준다. 양팡 역시 상업적으로 토지를 거래할 수 있지만, 역사 유물로서 가치를 지니기 때문에 이곳은 분명히 실생활과는 분리되는 경향이 있다. 이 역시 신자유주의 경제의 소수 독점을 분명하게 보여 준다. 헤리티지가 보여 주는 숫자 밑으로 새로운 자본주의 경제가 박히고 또 그것이 포장된다. 헤리티지를 소유하는 소유권자가 포스트 사회주의 중국에서 의미하는 것이 무엇인지는 너무나도 분명하다.

19츠Ⅲ(1933) 라오창팡

상하이 우수역사건물들 간판에 있는 숫자들은 공간의 시간성을 박제화한다.

한편 '1933 라오창팡'은 건물 용도를 변경함으로써 헤리티지의 의미를 다른 차원에서 해석하게 한다. 이 건물은 지어진 연도 '1933'을 로마·중국·그리스 숫자를 나열해 '19叁Ⅲ'이라고 표시해 현판화한다. 이 건물은 앞서 말했듯이 원래 일제 침략 시기 소 도축장이었다. 지금은 서양 음식점과 카페, 미술품을 전시하는 복합 문화 공간으로 탈바꿈했다. 중간에 있는 경사로는 고기들이 잘 내려갈 수 있도록 배치된 슬라이드인데, 특이하게도 이것이 이 건물의 공간적 특이성을 더한다. 그 말인즉슨 동물의 피나 고깃덩이가 잘 내려가게 고안된 건물 내부 설계는 마치 구성주의 미학처럼 모더니즘을 상징한다. 끔찍한 현실이나 경험이 부재한 지금, 이 건물의 공간 전환은 '깊이가 없는' 포스트 모더니즘이 아니라 '너무 깊은' 끔찍한 사실을 은폐한다.

상하이 역사 유물 공간이 주는 숫자의 매력은 이와 같이 깊이가 너무 깊다.

상하이 공간 전회는 이러한 숫자들과 연관성이 있다. 상하이 모던을 상징하는 깊은 문화 경험들은 건물 앞에 쓰인 숫자 속에 그 무게를 더하고 은폐된다. 또한 해외 자본에 매매될 수 있는 역사 유물들은 박물관에 진열될 만큼 가치 있는 국보들의 현주소를 보여 준다. 자본주의적 맥락 속에서 그 숫자의 가치는 더하게 된다.

한편 상하이 북동쪽에 집중적으로 투자했던 일본의 산업 시설물들은 새롭게 떠오르는 과거의 역사적 시간들을 제시한다. 이는 기존의 거주 형태 또는 호텔이나 바와 같은 여가 시설, 은행, 관공서 등 공식적 기관들과 성격이 구분된다. 이곳은 철저하게 식민적 사고방식으로 그 가능성을 열 수 있다. 일본인들이 중국인 노동자를 고용하여 경제적 이익을 얻으려 했던 각종 방직 공장과 섬유 공장이 공업화된 현대 도시의 측면을 드러낸다. 서양인들이 합법적으로 중국 공간을 유용하려 했던 모습과 달리, 일본은 중국 공간의 노동력을 철저하게 착취하는 형태로 그 증거를 남겼다. 영국 조계지 북쪽을 차지한 일본은 공식적으로 1909년에서 1911년 사이에 치외 법권을 얻어 내면서, 그들의 중심 영사관이 있는 홍커우를 중심으로[10] 대규모 산업 공장들을 경영했다. 그리고 면화 생산 공장이나 제분소 등 공장이 들어선 구역에서는 또 다른 방식으로 서양 모더니즘을 구현한다. 왜냐하면 이곳에서는 미국에서 교육받은 일본인 건축가들이 서양의 건축 양식과 자본주의 경영 방식으로 공간을 시각화했기 때문이다. 그렇기에 일본인들이 경영했던 산업 현장들이 헤리티지 안으로 들어올 때는 서양 건물의 외면적 형식을 강조하는 방식과는 전혀 반대로 조직된다. 이곳 일본 식민 공간들은 '일본'을 기꺼이 지우면서 나아가는 방식을 취한다.

상하이 우수역사건물들 대문에 쓰여 있는 숫자는 과거에 관한 깊은 경험을 의미한다. 따라서 과거, 현재, 미래를 한 덩어리로 만들어 새로운 시간을 부여하는 문제는 결코 가볍게 넘길 수 없다. 상하이 감성 공간 곳곳에서 작동하는 이 특별한 시간 문제는 숫자로 도시 곳곳의 무게를 더한다. 그것이 곧 과거를 가볍게 여기지 않으며 그곳에 바로 미래를 세우는 중국의 컨템퍼러리 미학이기도 하다.

우수역사건물들이 보여 주는
상하이의 가치 척도

상하이시 정부에서 우수역사건물로 가장 먼저 지정한 곳은 '상하이하이관(上海海關, Shanghai Customs)'이나 '허핑호텔(和平飯店, Fairmont Peace Hotel)'과 같은 황푸강을 중심으로 하는 동쪽 번드인 와이탄의 공간들이었다. 이 건물들은 상하이 도시의 초기 역할이 무엇이었는지 단박에 알려 준다. 이곳은 서양인들의 필요에 따라 세워진 해외 출입국 사무소 그리고 그들이 잠시 머물다 갈 수 있는 휴식처였다. 서양 제국주의자들이 처음 중국에 들어왔을 때는 무역이 목적이었으며 체류 기간도 짧았다. 이를 위해 지어졌던 건물들이 가장 먼저 우수역사건물이 되었다.

서양인들의 흔적을 보여 주는 정신적 장소로서 화이언탕교회

현재 예배는 진행되지 않는다. 지금 상하이에서 '교회'는
역사적 흔적 그 이상도 이하도 아니다.

두 번째 우수역사건물로 지정된 곳들은 모두 교회당이었다.
1933년에 '지두자오모언탕(基督敎沐恩堂)'과 '둥자두 톈주자오탕
(董家渡天主敎堂)', 1944년에 '둥정자오 성무다자오탕(東正敎聖母大
敎堂)¹¹이 지정되었다.

이들 교회당을 비롯한 상하이의 성당 건물 대부분은 상하이

에 거주했던 서양 외국인의 거주지를 중심으로 건립되었다. 그러니까 두 번째로 지정된 우수역사건물들의 성격은 장기 체류를 하게 된 제국주의자들의 본격적 삶과 관련된다.

교회당 옆으로는 '푸위쓰(佛玉寺)'와 같은 불교 사원들이 배치되어 중국인과 서양인의 공간을 확연히 구분해 준다. 중국인의 종교 시설은 대부분 중국인의 공간에 세워졌지만, 1900년대에는 '화이언탕(懷恩堂, 1910)'과 같은 성당 옆으로 건축되기 시작한다. 시내 중심부에 있는 '징안쓰(靜安寺)'는 화이언탕 옆으로 나란히 포진된다.

이러한 배치는 재미있는 사실을 알려 준다. 임시로 상하이에 머물던 서양인들이 장기 체류를 하기 시작했음을 의미하며, 특히 이러한 종교 시설들이 생겼다는 점은 서양인들의 가장 큰 가치관이 무엇인지를 알려 준다. 또한 서양인의 가치관을 상징하는 교회당 바로 옆으로 중국인들이 영적으로 최고 성지라고 여기는 불교 사찰이 자리했다는 점 역시 아주 상징적인 일이다. 이는 상하이에 도착한 서양 종교를 위험하다고 여겼던 당시 중국인들의 의식을 표출한다. 교회는 그런 서양 제국주의자들의 의식적 산물을 대변한다. 신중국 이후 사회주의 국가가 된 중국은 서양 교회들을 역사 건물로 지정함으로써 다시 한번 중국 자신을 감춘다. 이러한 건물들은 여기가 사회주의 국가라는 사실을 잊게 만든다. 이미지 소비를 통한 관광 산업 속에서 철저하게 이러한 교회 이미지가 작동한다.

이후 우수역사건물들은 상하이에 서양식 건물이 세워진 연도 순서대로 거의 선정되었는데, 대부분은 호텔, 은행, 학교 등이었다. 이 건물들은 현대적 자본주의를 상징하는 공간이다. 서양 자본이 지배하는 공간은 주로 동쪽 번드, 즉 푸시 쪽 와이탄루 연안을 둘러서 세워진 건물들이었다.

그다음 선정된 곳은 라오청샹이라고 불리는 지금의 자베이(閘北區) 쪽으로, 조계지 시절 중국인들의 공간이었다. 와이탄이라고 불리는 황푸강에 접한 건물 바로 뒤쪽에는 서양의 자본 공간들이 있는데, 이후에는 중국인들이 드나들며 실제로 중국인의 자본주의가 이루어지는 공간들이 된다. 사실 서양인들의 공간과 중국인들의 공간은 서로가 매우 자유롭게 넘나들었기 때문에 서양과 중국을 구분 짓는 일은 의미가 없을 수도 있다. 호텔이나 은행 등 새로운 개념의 건물들이 속속 등장하고, 이 건물들을 다시 상하이의 역사 속에 포함하는 것은 자본주의가 상하이에 상륙했음을 증명하는 일이다.

우수역사건물 선정 순서를 보면 먼저 서양 제국주의 공간에 주목하고, 그다음 서양인들의 문화에 주목했다. 그리고 나서 중국인들에게 주목했다. 이는 상하이의 역사성을 인정하는 순서이기도 하다. 상하이는 이렇게 우수역사건물들을 선정하면서 상하이가 원래 자본주의 도시였다는 사실을 다시금 알려 준다. 사회주의 중국과 자본주의는 이미 오래전부터 만났지만, 다시 지금의 자본주의 모습으로 상징화된 푸둥을 그 건너편 푸시와 연결해 유물적 증거를 제시함으로써 '익숙한 낯섦의 미학'을 만들어낸다.

5

모던

리퍼블릭 오브 차이나,
한족의
부상

한족과 공화제는 상하이에 도시성을 부여했다.

　한족(漢族)은 중국 고전 미학의 정수인 '화하미학(華夏美學)'을 이루는 역동적 주체다.[1] 물리적 공간으로서 화하미학의 발상지는 지금의 허베이(河北), 산시(山西), 산시(陝西)와 같이 황허강(黃河江)을 중심으로 이루어진다. 이 공간들이 남쪽의 창장강(長江)과 연관되는 점 역시 황허강 유역에 살던 한족이 이동했다는 사실과 연결된다. 하지만 화하에 살던 한족이 남쪽으로 이동한 이후에도 여전히 리쩌허우가 말하는 화하미학 서사의 주체로 지목되는 이유에 관한 설명은 확실하지 않다. '화하에 살던 사람, 한족'은 이 문제를 '돌파와 보충'으로 해결했다. 즉 중국의 화하미학이 형성되는 과정에서 한족은 북쪽과 남쪽 문화권 사이에서 생겨나는 문제를 돌파하고 보충하는 문화 교류의 중심 주체자가 된다.

중국의 오랜 전통의 중심에 있는 화하미학을 형성한 한족은 다시 상하이에서 현대적 의미를 부여받는다. 한족은 고대와 현대라는 시간을 뛰어넘는 주체자로 부상하게 된다. 다시 말하면 한족이 중국에 새로운 시간 개념으로서 현대(Modern)를 도입하고 또 그 개념을 적극적으로 실천한 주체자로서 공화국을 세웠다는 뜻이다.

중국의 공화제 탄생과
새로운 상층 계급으로서 한족

공화제 출현과 한족의 관련성은 중국에 새로운 시간 개념을 가져왔다. 특히 상하이라는 특정 공간은 공화제와 한족을 장소적으로 연관되게 만들었다. 한족과 도시 이미지, 상하이가 연결됨으로써, 중국에 현대적 이미지를 부여하고 강화하게 한 결과와 밀접하게 관련된다. 여기서 서양으로 대변되는 모더니즘과 경합하는 장으로서 상하이라는 지리적 공간을 지키려 했던 한족의 주체성이 강조된다. 더 구체적으로는 상하이가 지니는 현대적 의미로서 '서양 이론의 자기화'와 '주체성'이라는 문제의 중심에 한족이 있고, 상하이는 이 새로운 개념을 접한 신흥 지식인들의 공간이 된다.

중국의 현대적 민족주의는 '오족(五族: 한족, 몽고족, 만주족, 위구르족, 티베트족)'으로 구분과 통합을 이룬다. 5·4운동 이후 민족운동에서 대중적 조직이 중요한 요소로 작용하면서, 쑨원은 일본 도쿄에서 출발했던 '혁명당'을 상하이로 이전 후 '국민당'으로 재건했다.[2] 이 과정에서 만주족이 지배하던 청 왕조를 배격하고 대중적 조직을 기반으로 하는 부르주아들의 새로운 정권이 창출된다. 왕조에서 공화국으로 국가 체제가 바뀌면서 물질 소유권 이동이 수반됐고, 지배 권력이 만주족에서 한족으로 이양될 필요가 있었다.

안토니오 네그리(Antonio Negri)와 마이클 하트(Michael Hardt)는 일찍이 "공화국은 태생이 사유 재산 옹호와 정당화를 품고 있다"라고 말했다. 20세기 초기에 탄생한 중국의 공화국 역시 예외는 아니다. 장제스는 공화국 탄생에 주요한 역할을 했는데, 공화국 탄생과 더불어 장제스 가족이 축적한 물질적 재산과 부는 공화국 입헌 질서와 법으로써 정당화되었다.[3] 또한 근대적 의미의 법이 중국에 탄생함으로써 한족에게 정치권력을 가질 수 있는 충분한 근거를 주었다. 만주족이라는 이민족의 정치 공간을 끝내고, 새로운 권력을 창출할 공간과 그 주체자로서 상하이와 한족이 등장한다.

물론 여기서 한족 권력자들의 경제적 권력이 정치적 권력과 부합한 것은 아니었다. 장제스는 군인이었고 이는 공화제가 안전하게 상하이 공간에 안착하게 하는 표면적 힘만을 의미했기 때문이다. 하지만 분명한 것은 한족이 권력의 중심이 되는 새로운 형태의 '공화국'이 바로 이곳 중국의 강 이남인 상하이에서 창출되었다는 점이다. 이는 상하이가 모더니즘의 상징적 공간으로 기능할 때, 그리고 나아가 새로운 현대적 의미의 국가인 중국이 탄생할 때, 그 권력이 한족에게 있었으며 이러한 사실이 지금까지 중국 현대성을 언급할 때 반드시 거론해야 하는 사항이라는 점을 알려 준다.

도시와 국가의 경제적 기반으로서 20세기 초기 중국 부르주아 계급 가운데 유의해서 살펴봐야 할 집단은 장제스 이외의 다른 한족 부유 계층이다. 상하이는 1865년 아편전쟁 이래로 서양의 침탈을 고스란히 받고 있었지만, 1920년대부터는 이미 명·청 이래로 경제적 부를 쌓아 왔던 남쪽의 한족 거상들이 상하이로 이동해 새로 자리를 잡고 있었다.

멍웨(Meng Yue)는 상하이의 부상을 서양적 근대성의 산물로만 바라볼 수는 없다고 말한다. 그는 청나라가 내륙의 수로 대신 해로를 택했던 당시의 정치적 상황과 태평천국의 난을 강력한 근거로 들어, 남쪽에서 부를 일군 소금 상인들이 새로운 상업 근거지인 상하이로 흘러들었다는 점을 지적한다.[4] 청 말기 상인 계층의 재산이 이미 상하이로 이동하고 있었으며, 그들은 이미 사회의 새로운 계급으로 형성되고 있었다. 데이비드 하비는 전통적 사회에서 일어나는 사회 분화 현상과 자본주의 사회에서 나타나는 새로운 세력이 교차하는 지점에 유의한다. 특히 '사회형상(actual social configuration)'이 구체화되는 지점에 중간층의 거주 분화가 직접적으로 관련이 있다고 말했다.[5] 그렇다면 상하이에 유입된 부를 실제로 형성하는 중국인 신흥 부유층은 새로운 사회가 필요했을 것이며, 이것이 바로 상하이 사회형상 구성의 주요한 동력이라고 말할 수 있다.

상하이로 부지런히 이동하여 라오청샹과 같은 옛 상하이 성내로 이동한 한족들은 세상이 새롭게 바뀌기를 원했던 중심 세력이다. 이 한족들은 쑤저우(蘇州), 항저우(杭州) 등을 중심으로 하는 남쪽 수변 상권에서부터 이동한 청 말기 상인 계급으로 유교를 숭상했다. 1911년 신해혁명 이후 중국인들이 전국 곳곳에서 상하이로 몰려들어 라오청샹과 조계지를 넘나들면서 상하이에는 또 다른 계층이 생겨난다. 라오청샹 북쪽은 와이탄을 중심으로 한 서양인들의 조계지였는데, 1920년대 이후로 중국 상인들이나 일부 서양인을 위해 일하는 노동자들 또 서양인의 도움으로 부자가 된 중국인들이 자유롭게 이동했다.[6] 새로운 생산 조건은 새로운 계층들을 형성하고 상층에 있는 중국인들은 새로운 시스템의 새로운 사회를 원하게 된다.

상하이로 흘러 들어온 강남의 새로운 계층은 만주족과 한족 사이의 권력 이양 문제 외에도 여러 사실에 주목하게 만든다.

첫째는 강남에서 상하이로 주요 자본이 이동하고 그 자본을 중심으로 상하이가 청 말 이후 새로운 중국의 상업 지구로 떠오르면서, 상하이에 새로운 사회가 구성될 물질적 조건이 마련되어 있었다는 사실이다. 상하이는 공화국이라는 새로운 의식만큼이나 중국에서 현대적 자본주의의 맹아를 싹틔울 물질적 조건을 한족 중심으로 갖추어 가고 있었다.

둘째는 조계지라는 특성이 중국 각지의 계층을 상하이로 불러 모았다는 사실이다. 상하이에 모여든 중국인들 가운데에는 서양인과 접촉하고자 하는 새로운 계층이 증가했다. 여기에는 청대에는 존재하지 않았던 종교 관계자, 은행이나 호텔 같은 새로운 경제 체제와 관련된 경영자나 노동자 또는 서양인을 대상으로 하는 서비스 업종의 노동자 등 새로운 사회를 구성할 수 있는 계층이 다양하게 포함되었다. 이렇게 새로 출현한 현대적 의미의 계층들은 공화국이라고 하는 새로운 나라를 만들어 가는 데 필요한 새 계층과 인력을 구성하게 된다. 즉 권력 창출의 문제가 표면에 부상할 때, 그 밑을 단단히 잡고 있는 것은 새로운 사회를 꾸려 갈 새로운 구성원들의 움직임이다.

다시 한발 더 나아가 물질적 조건과 정치적 계급 간 연결성을 찾아야만 한족의 공화제와 이후 한족 중심의 중국 정체성이 확고해진다.

케빈 캐리코(Kevin Carrico)는 만주족 지배자에게서 벗어나 스스로 새로운 정체성을 부여하여 정권을 창출하고자 했던 한족이라는 특별한 명칭에 주목한다.7 케빈 캐리코는 "광둥 사람들은 왜 한족이라는 명칭으로 불리게 되었는가?(Why have the Cantonese people been labeled Han?)"라는 문구를 인용한다. 이는 2006년 홍콩 독립을 원하는 민중 시위에서 나왔던 문구다. 그는 현대 중국에서 한족을 중심으로 이루어지는 한민족 통합에 주목한다. 실제로 이 문제는 1997년 이후 영국에서 중국으로 반환된 홍콩과 관련해 논의되었다. 타이완이나 신장, 티베트의 독립 문제를 해결할 때 중국 정부는 '중국'이라는 상상적 공동체로 통합하는 과정에서 '한민족'을 언급한다. 케빈 캐리코가 주목한 지점은 바로 '중화혁명당(中華革命黨)'이라는 명칭이다. 한족을 중심으로 하는 새로운 정당이 생겨난 일은 곧 한민족과 타 민족 간 파워 게임의 형세를 뒤집을 만한 사건이었다. 그는 중국에서 공화제가 탄생하는 지점에 한족이라는 특별한 민족이 우세했으며, 이러한 점이 중국 사회를 바꾸는 중요한 포인트가 되었다고 본다. 또한 여기서 말하는 '한'은 과거 한 왕조를 뜻하는 게 아니라 만주족이 지배자였던 왕조와 구별하기 위해 선택되었다는 점도 아울러 지적한다.

한족이라는 개념에는 만주족이나 그 밖의 민족들과 단순히 다르다는 뜻보다는 진화라는 의미가 있는 것이 사실이다. 이화(易華)는 '이하선후설(夷夏先後說)'에서 하 문화와 이 문화를 혼합한 이후 청동기 문명에서 한족이 생겨났다고 했다. 이 지점은 리쩌허우가 화하미학에서 거론한 '화하'와 일맥상통한다. 두 학자는 모두 지금의 중국 문화가 축적되는 데 구심점 역할을 한 주체자가 지금의 산시(陝西)와 산시(山西) 부근인 황허 문명 지역에 살았던 민족이라고 본다. 여기서 이화는 농경 민족인 '이'가 시간적으로 먼저 생겨났고 이후, 청동기 유목 민족인 '하'에 제압당했다고 서술한다.[8] 이러한 사고방식은 분명히 인종적, 민족적으로 한족이 우세하다는 진화론적 관점에 따른 것으로, 무엇보다 절대적으로 한족이 우세하고 뛰어나다는 다소 폭력적이기까지 한 가설로 제시된다. 이런 방식으로 한족이 우수함을 증명하려는 인종 진화론은 중국이라는 국가 형성 과정에서 한족이 국족(國族)임을 정당화하기도 한다. '눈덩이 이론(snowball theory)'과 같이 한족을 중심으로 점차 그 몸집을 불려 간 한족 문화에 관한 설명[9]들은 하나같이 지금의 중국 문화라는 거대한 덩어리의 핵심이 결국 한족 문화라는 데 초점을 맞춘다. 이러한 중국 학자들의 의견은 케빈 캐리코가 말했듯, 공화제 수립 과정에서 나타난 한족이라는 명칭을 떠올리게 만든다. 그리고 이러한 관점은 상하이를 중심으로 축적된 물질적 부를 반드시 살펴봐야 하는 이유이기도 하다. 이러한 물질적 조건이 새로운 정권을 창출하는 데 중요한 바탕으로서 한족이 우세하도록 힘을 실어 주기 때문이다.

중요한 사실은 상하이라는 특별한 공간에서 한족 문화를 중심으로 한 패권주의적·현대적 면모를 '도시성'에 집중함으로써 그 혁명적 성격을 세련되게 만든다는 점이다. 이는 미래 지향적 컨템퍼러리 중국 미학의 핵심주체자로서 한족을 통합 장치로 두는 방법이다.

서양 모더니즘을 수용하고 자기화한
신흥 계급들의 공간으로서 상하이

상하이에는 확실히 모더니즘을 드러내는 장소성이 있다. 상하이의 현대사 사건들과 더불어 중국 한족을 하나로 만드는 지점 역시 이러한 모더니즘 장소성과 결부되어 있다.

우선적으로 말할 수 있는 것은 상하이의 모더니즘이 곧 상하이의 '부'와 관련된다는 사실이다. 상하이에서 활동한 중화혁명당 당원 대부분과 상류층 사람들은 은행이나 현대식 공장 기업 같은 서양 자본주의와 관련되어 있다. 이러한 국제적 흐름과 노동 상황은 물론 마르크스가 말하는 자본주의에 따른 것이다. 자본주의의 기본적 사회관계는 자본과 노동 사이의 권력관계다. 상하이의 자본은 곧 상하이에 거주했던 중국 노동자를 상정한다. 또한 완전히 새로운 방식의 금융 흐름과 노동 상황은 상하이에 거주하는 소비 계층에 주목하게 만든다. 이 과정에서 서양 제국주의자 일부와 대다수 중국인이 새롭게 소비 계층을 구성하기 시작했다. 이 두 가지 연결성 속에서 중국의 신노동자로 '여성'에 주목할 수 있다.

여성 노동자가 부각되는 분위기는 청대에 이미 강남의 누각을 중심으로 충분히 조성되었다. 새뮤얼 량(Samuel Y. Liang)은 이와 관련한 연구를 명·청대 유교적 질서 바깥에서 나타난 고급 창녀 문제에서 시작한다. 청 말 강남 수변에 있던 창녀 가옥이 그 상대자인 상인들이 이동함에 따라 상하이로 옮겨 간다. 경제적 부가 강남에서 상하이로 옮겨 가기 시작했다는 중요한 물적 증거인 동시에, 고급 창녀들이 도시에서 제공했던 주요 건물들은 역사적 상황을 알려 준다. 좁은 방들이 붙어 있는 구조인 상하이의 리롱이 바로 이렇게 옮겨 온 고급 창녀들의 가옥이 되었는데, 더 중요한 점은 여기서 그녀들 자체가 도시의 아이콘으로 부상했다는 사실이다.[10] 즉 청 말 고급 창녀 문화와 연결된 상하이 도시 이미지는 상하이를 이해하는 또 하나의 중요한 지점이 된다.

　여성 노동자 문제와 관련하여 반드시 거론할 점은 상하이가 노동자의 도시였다는 사실이다. 1925년 상하이에서는 일본인 자본가들의 노동 운동 탄압 대책에 저항하는 노동자들의 파업 투쟁이 전개되었다. 또한 1932년 1월 28일 발발한 일본 침략에 상하이 도시민들은 항일 선언을 발표하고 항일 투쟁에 역량을 모을 것을 촉구했다. 이 시기 상하이에 거주했던 노동자들은 실제로 과거 농업 사회를 대변하던 청 왕조와 달리 상하이가 현대적 도시였다는 점을 증명한다. 즉 상하이에는 메트로폴리탄으로서 새로운 부의 개념이 생겨나는 동시에 그 부가 집적되고, 곧 상하이가 새로운 시대에 어울리는 파워 게임 속 승자들의 공간이었다는 사실을 의미한다.

　상하이가 도시화되는 시간은 새로운 지식 계급의 출현과도 정확하게 일치한다. 여기서 새로운 서양 지식을 습득한 지식인들은 청 정부가 미국에 배상한 돈으로 세워진 학교에서 서양식 교육을 받은 사람들이었다.[11] 한족은 중화혁명당의 경제 이득을 위해서라도 상하이를 번창하게 만들 필요가 있었으며, 소수민족은 당연히 이 공간과 분리되어 농업 사회로 대변되는 비도시 공간에 묶여 있어야 했다. 왜냐하면 중국의 소수민족은 이미 '만주족 대 한족'이라는 구도에 따라 도시에서 추방해야 할 대상으로 규정되었기 때문이다.

　도시라는 공간에는 그에 합당한 도시 거주민이 필요했고, 그 것이 곧 한족 패권을 의미했다. 도시의 화려한 불빛으로 몰려드는 농촌 출신 소수민족 노동자들은 자신들이 그러한 한족 권력 구도에서 하위층을 담당하는 공간에 들어가고 있다는 사실을 인지했을 가능성은 크지 않다. 물론 이 도시에서 하위층에 속하던 노동자가 모두 소수민족은 아니지만, 이들이 한족 부르주아들에게는 타자임이 분명했다.

　중국 그리고 한족이라는 이 우세한 명칭은 이렇게 상하이라는 도시성과 더불어 중국의 현대 모습과 그 방향을 결정짓는다.

중화
질서,
유교

청 왕조가 중국 공화국으로 들어서는 길목에서 그들의 삶을 지배했던 한족 문화는 매우 중요했다. 하지만 이 구식 종교는 현대적 의미로 봤을 때 상당히 중국적인 것으로, 모더니즘과는 거리가 있었다. 중국 모더니즘의 모순은 여기서도 배태된다. 이는 제국주의자들과 손잡지 않은 그들의 중심을 보여 주는데, 한때 한국에서 유행했던 '중꺾마(중요한 것은 꺾이지 않는 마음)' 같은 전략이었는지도 모른다. 새로운 부를 잃지 않기 위해서는 제국과 손잡은 새로운 정권이 필요하지만, '우리는 근본적으로 중국 사람이다!'라는 체용론은 모더니즘 초기부터 지금까지 늘 작동하는 중국식 중꺾마라고 말할 수 있다.

　중국에서 유교는 늘 이상주의적으로만 작동했다. 유교는 일반 백성들의 삶 한가운데 있기보다는 그들을 통치하는 통치자들의 이상적 이데올로기였다. 유교 이데올로기는 중국 고대 왕권과 귀족들이 소유할 수 있던 '지식 권력'이었고, 그 지식을 소유한 자가 곧 사회의 통치자였다. 따라서 고대 중국 일반 백성들의 삶에서 유교가 구현되거나 그것이 삶의 중요한 지표로 작용되었다고 말할 수는 없다. 유교는 확실히 소수에게만 필요한 법칙이나 표준 같았다. 유교가 한족과 결합할 때, 그것은 분명히 그들만의 이데올로기가 된다. 또한 유교는 위에서 아래로 지시되는 사회 질서처럼 다른 민족들에게 설파되는 동시에 다른 국가들에도 평행하게 중화 질서라는 새로운 세계 질서의 기준으로 제시된다. 따라서 중국 권력층이 보기에 중국이 무너지지 않는 방법은 그들의 전통적 이데올로기인 유교를 중심에 단단히 붙들어 매는 일이다.

2017년 시진핑은 제19차 전국대표대회에서 중국 특색 사회주의 달성을 위한 열네 가지 기본 방침을 내세웠다. 여기에서 그는 '중국 정신과 중국 가치, 중국 역량을 만들어 인민들에게 정신적 지침을 제시하라(構筑中國精神, 中國價值, 中國力量, 爲人民提供精神指引)'고 강조했다. 시진핑이 말하는 중국 특색 사회주의 구성에 '중국의 문화 부흥'이 거론되는 지점도 바로 이곳이다. 여기서 그는 중국 특색 사회주의와 중국몽을 심화하는 구체적 핵심 단어로 '정신문명(精神文明)' 건설을 제시한다. 동시에 '효(孝)'와 '충(忠)'이라는 핵심 단어도 등장한다.[12] 즉 중국 특색 사회주의에서 물질적 부 외에 정신적 측면을 강조함으로써 균형을 잡으려 했다. 시진핑은 문화가 있는 나라로서 중국을 강조하고 반드시 갖추어야 할 것으로 도덕(道德)을 내세웠다. 여기서 유교적 이데올로기는 중국적 방안(Chinese Way)의 핵심으로 떠오른다.

이를 위해서 중국은 전시와 기획에 신경을 쓴다. 유교적 이데올로기는 모두 전시되어 있기 때문에 현재에 보이는 과거로 밀려난다.[13] 왜냐하면 1990년 이후 포스트 사회주의 중국에서 새로 만든 각 전시실은 미래를 향해 있기 때문이다.[14] 하지만 이러한 전시 행위는 유교 이데올로기가 과거에 갇힌 채 투명한 유리 너머로 제시될 뿐 직접적으로 현실에는 와닿지 않는다는 사실을 말해 준다. 물론 유교 이데올로기는 이상적이기만 해야 한다는 문제점도 유발한다. 그렇기 때문에 현대적 의미의 중국 국가성과 고대 중국 왕조들은 아주 짧은 유대만을 형성하게 된다.

유가적 이데올로기들은 '나열'되고 '전시'되어 구성된다.

2019년 3월 19일 자 BBC 뉴스는 거지와 같은 노인이 길거리에서 유가의 문구를 읊고 있는 것을 신기하게 여기는 젊은이들을 기사화했다.[15] 물론 이 현상에서는 두 가지 사실을 알 수 있다. 거지에게는 지식이 없으리라는 편견이 있다는 점과 또 하나는 현대 젊은이들에게는 고전 문구가 이미 낯설어졌다는 사실이다. 두 가지 해석 모두 현대 중국의 청년층들이 고대 이데올로기를 대하는 태도를 알려 준다. 실제로 상하이 난징둥루 카페 테이블에 앞뒤 문맥 없이 나열된 고대 문구들은 모던한 글자체로 중국적임을 강조한다. 물론 영어 문구보다는 훨씬 중국스럽다. 이러한 인테리어는 중국적이면서 동시에 포스트모던한 느낌을 준다. 중국 고전 문구는 어디서나 현대적 감각과 함께 충분한 인테리어가 된다. 이런 모습을 아마도 중국적이라고 여기는 듯하다. 여기서 중국 문자는 영어 알파벳과 구분될 뿐이지, 실제로 이 문구들에는 그 의미와는 달리 중국적 사고가 존재하지 않는다. 이러한 문구들을 중국적이라고 한다면 거기에는 그저 시각적 효과만 있을 뿐이다.

한편 상하이 자딩 공자묘(嘉定孔廟)에서는 매년 9월 '공자문화제(上海孔子文化節, Confucian Culture Festival)'를 열어 한족 방식으로 치르는 결혼식(漢式婚禮), 공자에게 차례 지내기(祭禮), 고전 시 읊기 경연대회(賽詩會) 등을 한다. 문화제는 2010년부터 시작되었는데, 상하이는 2018년부터 타이완과 동시에 이 문화제를 개최하여 중국을 하나로 통일하려는 움직임을 보여 왔다.[16] 이 또한 '중국은 하나'라는 기조에 따른 것이지만 무엇보다 중요한 점은 공자가 상하이에서 부활하고 있다는 사실이다. 원래 공자의 고향은 산둥의 취푸(曲阜)다. 취푸에서는 '중국 취푸 국제 공자문화제(中國曲阜國際孔子文化節)'가 1989년 9월에 처음 개최된 이래로 학술 대회까지 열리며 공자 문화가 확산하고 있다. 취푸에서 공자 행사를 하는 일은 타당성이 있다. 하지만 왜 이 시점에 상하이가 직접적으로 공자 행사에 관계하게 되었는지는 설명이 없다.

공자가 중국의 정신적 요체로 떠오른 사실과 상하이가 관련된 데는 어떠한 이유가 있을 터다. 여기서 한족이 만주족 왕정제를 이겨 내고 만들어 낸 공화제와 관련이 있음을 알 수 있다. 상하이 도시성을 구성하는 데 깊게 관여했던 한족의 정신적 배경이 뿌리째 드러난다. 이는 19세기 말에서 20세기 초 상하이의 주요 부자가 모두 한족 출신이고, 그들이 유교를 숭배하던 문화가 그즈음 상하이에 자리 잡았다는 사실을 보여 준다. 다시 말하면 상하이 유지들을 비롯한 거상들은 새로 유입된 한족 세력이며, 이들에게는 여전히 전통문화가 습관화되어 있었다. 따라서 상하이에 공화제가 실시된 이후에도 강남에서 상하이로 이동한 한족 거상들은 전통문화를 보존했다. 결국 상하이의 공자 문화는 아이러니하게도 한족 공화제와 관련되어 있지만, 상하이의 주요 문화로 남는다.

따라서 강남 문화권에 속하는 상하이에서 공자를 강조하는 일은 전통적 한족 지식인과 그들의 문화 속에 현대적 의미의 중국을 하나로 엮으려는 의도로 해석된다. 즉 공자라는 전통적 사상을 최고의 자리로 불러와 강남 문화를 재정립하고 그 중심에 한족을 넣어 주는 셈이다. 영화 〈공자(Confucius)〉는 2010년에 개봉되었다. 공자 문화는 1990년대 신유학 열풍 이후 정확하게 20년 후에 완전히 확산되었다. 상하이 역시 이러한 흐름에서 빠질 수 없다. 왜냐하면 적어도 19세기 말부터는 상하이의 새로운 세력인 한족이 유교 문화를 이곳 상하이에 안착하게 만들었기 때문이다.

한족은 19세기 말에서 20세기 초의 상하이 도시성 그리고 새로운 정권 창출과 관련하여 꽤 전통을 가지고 있는 셈이다. 이 사실은 지금 상하이에 남은 그러한 흔적이 마치 다시 고대 중국으로 회귀라도 하는 듯, 이를 고대 중국 전체로 직접 연결해도 무방하다는 착각을 심어 준다. 즉 현대적 의미의 중국이 수립되기 바로 직전 고대인 청 말이 중국의 과거 전체를 대변하게 된다는 뜻이다. 유교는 덩달아 고대와 현대를 연결하는 사이에서 특히 부각된다. 홍콩, 타이완 그리고 해외로 이주한 화교들의 중국 문화 전통에 남아 있는 한족 중심의 공자 문화 역시 이러한 선상에 있다. 결국 유교는 아주 강력하게 중국의 중요한 문화를 대변하게 된다.

유교는 중국이 내부적 타자들과 융합할 때 중심축이 된다.

유교적 이데올로기가 현재 중국 인민들에게 이미 낯설어졌으므로 오히려 중국 고대의 여러 요소와 함께 그저 중국 문화로서 융합되기 쉽다. 마치 오리엔탈리즘이 동양 전체를 하나로 묶어 버리는 허구 이미지로 전시되듯, 중국의 고대 문화는 이미 고대의 여러 다른 요소와 함께 섞여서 그저 '중국 고대 문화' 하나로 작용한다. 여기에서 시공간적으로 다른 왕조와 민족들은 현재 중화인민공화국의 구심체인 한족의 내부적 타자가 된다. 그리고 지금 중국의 한족은 이 내부적 타자인 중국의 과거와 이민족에게 자신의 범위로 들어올 것을 종용하며 그 중심에 유교를 둔다. 동시에 유교 안에는 도교의 모습도 포장되어 들어온다. 리쩌허우는 유교와 도교는 매우 심리주의적 기초를 지니고 있지만, 이 둘이 만나는 지점에 사람이라는 매개체가 심리적 요소들을 '정리화(情理化)'한다고 말한다. 이 말은 유교와 도교가 지니는 상상적 진실이나 심리적 요소들이 객관화되는 유물론적 과정을 거치면서 통일될 수 있다는 뜻이다. 우습지만 이런 유물론적 증명은 서로 다른 모든 문화적 요소를 다시 한번 중국이라는 깃발 아래 모은다. 또한 고대 중국의 전체 왕조가 모두 유교 체제 중심으로 돌아갔다고 착각하게 된다.

　　상하이 도심의 부티크 백화점에서는 '한잔의 윈난, 여섯 개의 이야기(一杯雲南, 六个故事)'라는 문구를 내걸고 윈난성에서 재배한 유기농 커피를 판매한다. 이 상점은 특이하게도 윈난의 전통 푸얼차(普洱茶)와 컨템퍼러리적 성격을 띠는 유기농법으로 재배한 커피를 같이 판다. 최근 상하이 카페는 모두 이런 식으로 운용된다. 이는 과거의 중국 농촌을 고집하지 않으며, 도시 소비자의 욕구도 만족하게 해 주는 '착한 소비'라는 새로운 트렌드를 유도한다.

한 곳에는 시음하며 책을 읽을 수 있는 공간이 마련되어 있으며, 또 다른 한쪽에서는 책과 커피콩, 문구류 등도 살 수 있다. 여기서 파는 것은 '이야기'다. 윈난의 소수민족들이 어떻게 커피콩을 재배하고 지금 마시는 커피의 물은 어디서 가져왔으며, 판매액은 누구를 위해서 쓰이는지가 여기저기 설명되어 있다. 이로써 소비자들은 윈난 소수민족들을 경제적으로 돕고 지구의 환경도 생각하는, 매우 합리적으로 소비하는 '착한 소비자'가 된다. 내 입맛을 위한 이기적 소비가 아니라 소수민족을 대상화해서 그들과 공생하는 시간을 보내는 셈이다. 여기서 소수민족은 도시민들에게 상대적으로 특별한 아이템으로 포장된다. 따라서 이 문화를 소비하는 도시민이 되는 순간, 소비자 자신이 소수민족일지라도 그 사실을 잊게 만들어 준다.

소수민족이 중국 내 타자로 부상할 때 역설적이게도, 이 특별 아이템을 향유하는 도시민들은 소수민족 역시 중국이라는 거대

소비의 아이콘이 된 소수민족의 이야기
착한 소비문화에서 소수민족은 특별 아이템이 된다.

한 개념 안에 포함해서 사고하게 된다. 소수민족이 지니는 장식적 효과는 유교적 이데올로기만큼이나 과거를 대변하는 동시에 세일즈 아이템이 된다. 그리고 분명히 여기서 소수민족은 주체자가 아니라 대상자가 된다.

자국 내 식민주의는 이럴 때를 두고 하는 말이다. 소수민족이 중국을 구성하는 인민 가운데 하나로 통일될 때, 소수민족이라는 정체성은 언제나 한족의 반대 항에 위치해 '타자'로 남는다. 소수민족들에게는 주체성이 없으며, 이른바 화하미학의 주요 본체인 인간에 속하지 않는다. 왜냐하면 여기서 소수민족들은 주체적으로 이 문화를 만들어 낸 적이 없기 때문이다. 그들의 문화는 항상 유물론적으로 감성과 이성을 처리하는 정리화 과정에서 가져다 쓰일 뿐이다. 따라서 한족은 한족이라는 사실을 내세우지 않고, 소수민족을 대상화하고 타자화할 때 온전히 남는 진정한 중국 문화의 주체자가 된다. 상하이는 이러한 이데올로기를 생산할 수 있게 계속해서 공간들을 내어주고, 또 이는 지속적으로 새로움을 주는 컨템퍼러리 미학에 부합한다. 그리고 폭력적이기도 한 한족의 주체성을 미화하며 '중국'이라는 깃발 아래로 모두 끌어들여 상하이라는 이 도시는 메트로폴리탄으로 또 코즈모폴리턴으로 자리매김하게 된다.

모던 걸,
상하이
구냥

상하이 모던은 유럽을 그저 모방하는 데 그치지 않고 제국주의 서양의 모습을 중국 자신의 일부로 받아들이며 시각화한다. 여기서 말하는 서양은 영국, 독일, 프랑스 그리고 시기적으로 후기에 합류한 미국 등 모두를 뜻한다. 중간에 러시아 혁명 이후 증가된 백계 러시아인들이 북동쪽으로 합류한 상황과 일본이 북서쪽으로 산업 공장을 식민 산업으로 밀고 들어온 것도 포함된다. 물론 여기서 일본은 동양의 서양화된 이미지로 작용한다. 따라서 서양이라 함은 과거에 머물러 있는 듯한 중국과 대비되어 선진적이라고 여기는 모든 현대적 문물과 사상을 지칭한다.

가장 눈에 띄는 것은 스스로를 타자화해서 상하이의 과거를 낯설게 만드는 점이다. 상하이가 스스로를 타자화하는 방법은 여러 가지가 있다. 우선 상하이의 모더니즘이 결코 서양인들만의 것이 아니라는 점을 강조하고, 또 하나는 상하이에 모더니즘이 있었다는 증거로 모더니즘 오브제들을 만들어 낸다. 마지막으로 상하이의 모더니즘은 지금의 컨템퍼러리와 격리되지 않았으며 여전히 연결되어 있음을 강조한다. 이 세 가지 방법은 각기 세부적으로도 기능하지만, 전체가 유기적으로 연결되어 같이 작동한다.

첫째, 상하이 모던은 서양 세력이 아니라 중국인이 자체적으로 구성했음을 알 수 있는 지점을 찾는다. 이는 대부분 건축물로 상징화되었다.

1990년대 상하이 모던을 시각화할 때, 1920년대와 1930년대 동쪽 번드에 지어진 건물들을 복원하는 일이 가장 먼저 시작되었다. 정확히는 20세기 초반 서양 제국주의 모습들을 재구성했다. 사실 이곳에는 1862년 개항 이후부터 1920년대까지 서양 자본으로 지은 건물과 그 이후 중화민국 시절 1930년대에 중국인의 자본으로 서양 건축 양식을 따라 지은 건물들이 섞여 있다.

서양에 대한 반격으로 상하이 모던이 성립된 것이 아니라 중국 자체적 요인으로 이미 상하이 모던은 준비되어 있었다는 의견이 있다. 하지만 실제로 지금 상하이 모던을 강조하는 전경은 모두 서양인들의 돈으로 세워진 서양식 건물[17]이라는 점에서 결국은 이 모든 것이 서양 제국주의를 의미한다고 말할 수 있다.

그 말은 상하이 모던의 중심인 자본주의의 주체가 누구인가에 유의해야 함을 의미한다. 또 한편으로는 상하이 모던이 서구에 대한 반격이라는 점을 인정하면서 동시에 상하이에서 중국인들이 초보 단계지만 자체적으로 모더니즘을 형성하고 있었다는 의견도 있다.[18] 가령 새뮤얼 량은 중국인 노동자들이 서양 조계지에 마음대로 드나들면서 서양 문화를 접했고, 이런 문화적 충격은 중국인에게 새로운 의식 변화를 가져올 수밖에 없었으리라고 말한다.[19] 또한 멍웨는 에드워드 사이드(Edward Said)의 '중첩하는 영토(overlapping territories)' 개념을 끌고 와서 이곳 영토를 점령하는 주체들이 겹치는 현상으로 이 문제를 설명한다. 즉 상하이의 주인이 결코 서양인들은 아니며 역사의 '또 다른 이면(contrapuntal histories)' 안에 놓였던 상하이의 중국 거주자들이 존재했으므로, 주체자가 분명히 겹칠 수밖에 없다고 말한다.[20]

상하이에서 중국인이 자체적으로 모더니즘을 만들어 갔다고 주장하는 연구자들은 건축물이 지니는 외면적 효과뿐 아니라, 이곳에서 이루어지는 활동의 주체자와 성격 모두를 살펴야 한다고 말한다. 즉 와이탄의 서양 건물들을 복원하는 일이 단순히 서양 제국주의자들의 모습을 복원하는 것이 아니라, 중국인들 스스로 그 공간에서 행했던 모더니즘적 의식이나 활동들을 건물 복원과 함께 부활하게 만든다는 뜻이다. 그러나 19세기 말에

©kimyoungmi

이미지화된 상하이 구냥

'올드 상하이' 구냥은 바랜 색으로 이미지화된다.

서 20세기 초에 세워진 상하이의 서양 건물에서 중국인의 활동들은 이미 사라졌고, 우리는 현재 남아 있는 공간만을 봐야 한다. 따라서 조금 더 상하이 스스로를 타자화하고 상하이 모던을 적극적으로 증명할 방법들이 필요했다. 그것이 바로 상하이 모더니즘을 연상하는 오브제들의 탄생이다.

둘째, 상하이 모더니즘 오브제로 스스로를 타자화한다.

상하이 모던에서 중국 자체적으로 이룬 모던화를 찾는다면, 이 시기 지어진 건축물보다는 '모던 걸'에게서 찾는 것이 훨씬 더 쉽다. 소위 '모던 걸'이라고 불리는 '상하이 구냥'은 서양 이름으로 이루어진 모든 문화와 문명 앞에서 기꺼이 스스로를 시각화한다. 상하이 구냥을 시각화하는 방법은 바로 상하이 모더니즘 오브제로 상하이 모던을 조작하는 방법이 된다.

우선적으로 구냥의 여성성이 강조될 때 중국 자신이 인식했던 모더니즘이 단숨에 시각화되어 다가온다.

여기서 구냥은 연지를 찍고 짧은 단발 파마머리를 하고 개량된 치파오(旗袍)를 입은 20세기 초 모던 여성을 의미한다. 이 여성들은 쉐화가오(雪花膏) 같은 화장품과 스타킹 등 서양에서 들여온 여성 전용 양품들과 함께 배치된다. 고의적으로 색이 바래도록 연출된 이 구냥 이미지는 오래된 느낌의 종이나 글자체와 더불어 톈쯔팡(田子坊)이나 신톈디(新天地)와 같은 건물 외벽에서 중요한 역할을 한다. 사실 이는 상하이 스스로를 식민지적 존재로 만드는 낙후한 방법이다. 상하이에서 서양 권력과 대별되어 중국의 유약함을 특히 강조하기 때문이다. 상하이 여성들의 유약한 이미지는 모호한 눈빛과 동그스름하게 곡선으로 처리된 손짓들로 완성된다. 특히 이러한 모더니즘 오브제들은 관광 산업 아이템으로 값싸게 팔려 나가며, 서양으로 대변되는 군건한 빌딩에 대비되는 나약한 여성의 육체를 드러낸다. 실제로 이러한 특수한 전경들은 21세기 자본주의 문화 산업으로서 그 입지를 군힌다. 이들이 주는 그 흔함과 촌스러움은 너무나 정형화되어 있기 때문에 신선하지 않은 패스티시 그대로를 구현한다. 또한 여기서 동원된 구냥들은 아무런 개별적 매력이 없는 상태로 특화되는데, 이것이 바로 상하이가 자신을 여성화하면서 '이미지 매춘'을 하는 효과를 가져오게 된다.

1920년대와 1930년대 서양 제국주의자들이 화려한 건물로 그 권위를 높여 갈 때, 중국 구냥들은 그들에게 알맞은 봉사와 시각적 즐거움을 선사했다. 물론 여기서 서양을 남성이라고 지칭할 수 있는데, 그 까닭은 구냥들의 봉사 대상이 반드시 서양인에게 국한되지는 않았기 때문이다. 상하이 매춘녀들은 실상 서양 제국주의자들이 상하이에 들어오기 이전부터 있었다. 앞서 지적했듯이 상하이의 리롱 구조가 바로 청 말의 뜨내기 상인들을 위한 임시 거처로서 제공되었다는 사실을 상기해야 한다. 뜨내기들은 모두 남성이며 강남에 가정이 있던 거상들로, 이들이 상하이로 이동했을때 당연히 합법적 부인 이외에 다른 여성을 타지에 둘 수 있었다. 이들은 중국의 새로운 계급으로서 이제 막 부유해지기 시작했고, 확실하게 서양과 연결되어 자신들의 중국적 사회 위치를 만들어 갔다. 따라서 구낭들의 상대가 되는 서양인과 새로운 계급으로 부상했던 중국인 모두 남성이라고 할 수 있고, 그렇기 때문에 상대적으로 구낭은 성 노동자로서 여성이자 중국인 자체를 대변하게 되어 버린다.

21세기의 상하이 역시 여전히 이렇게 성적 매력을 드러내는 상하이 모던 구낭 이미지로 상하이 외부 사람들을 유혹하려고 한다. 하지만 실제 구낭은 간데없고 여성을 그린 구낭 이미지만 벽에 그려져 있어, 상하이에서 진짜 구낭을 만나는 즐거움은 전혀 누릴 수 없다. 구낭은 중국이 스스로를 여성화하여 매력을 드러내고자 할 때 가져다 쓴 허상과 같다. 본질적으로 상하이 구낭은 존재하지 않았다. 앞서 지적했듯이 이런 여성 이미지는 과거라는 시간성과 관련하여 상하이 이미지로 사용될 필요가 있었다. 중국의 과거를 나약한 여성으로 만들어 헤픈 웃음을 주며 봉사할 수 있지만 그것은 과거일 뿐임을 말한다. 여기서 지금 중국의 또 다른 굴기의 모습을 볼 수 있다. 자신을 값싼 여성 이미지로 만드는 것은 분명히 상하이 자신을 타자화하는 방법이다. 여성 이미지를 과거로 팔고, 상하이는 다시 굴기한다는 무서운 전략이 숨어 있다. 상하이 모던에 언캐니(uncanny)한 감성이 있는 이유가 바로 이런 것이다.

새뮤얼 량과 같은 이들은 구냥에 관해서 상하이가 과거를 뒤로하고 현대적 감각으로 나아갈 수 있도록 만든 주요한 인물이었다고 긍정적으로 평가하기도 한다.[21] 그러면서도 그녀들이 행한 모던적 시각화는 성 노동자로서 일하기 위한 일상생활이었을 뿐, 진정한 의미의 이데올로기적 구성물이라는 사실을 충분히 인식하지 못했다는 점을 지적한다. 따라서 구냥들을 시각화하는 방법은 여전히 현대적 산물로서 긍정적으로 평가하기보다는 그저 그러한 생활을 전경화함으로써 외피만 모더니즘을 입힌 결과로 볼 수 있다. 따라서 여기서 말하는 오브제는 일상적 용도와 다른 예술적 오브제만큼이나 특수하다고 할 수 있다.

셋째, 상하이 모더니즘이 지금의 컨템퍼러리와 격리되지 않았으며 여전히 연결되어 있음을 강조하는 것인데, 여기에는 '낡음'이라는 코드가 연결된다.

상하이 난징둥루에서 서쪽 방향 일직선으로 가면 난징시루가

상하이 비에수의 끔찍한 시간들

비에수에서 과거를 강요당하고 있는 실제 인민들

연결된다. 여기서부터 조금 더 북서쪽으로 가게 되면 징안구가 나온다. 난징둥루부터 징안까지 일직선으로 이어지는 길 양쪽으로 비에수와 같은 낡은 색감의 건물들이 남아 있다. 이렇게 상하이 황푸강 서쪽 중심가에 1930년대에 지어진 비에수나 1920년대 중국인들의 거주지에 지었던 주상 복합 단지 형식인 리룽 스쿠먼 양식을 그대로 보여 줌으로써 상하이 모던 효과를 얻는다.

각 비에수의 스쿠먼 양식 석조 건물들에는 여전히 인민들이 살고 있다. 이런 건물들 바깥에 얼키설키 드리워진 검은 전선줄은 상하이 모던을 증명하는 동시에 시간적 간격을 느끼게 하는 장치가 된다. 사실 이곳은 여전히 인민들의 거주지로서 도심 내에서 상당히 낙후된 채 존치되고 있다. 거의 방치된 것에 가까운 이 건물들은 과거의 화려했던 모습을 보여 주지 않는다. 오히려 관리되지 않은 상태로 과거를 강요당하고 있다는 느낌을 준다.

아마도 상하이 구냥의 실체는 이런 비에수에 박혀 있을 것이다. 즉 상하이 모던이라는 신박한 용어로 결합되는 이미지들일 뿐이다. 사실 이 비에수에 나타나는 리룽 형식은 1930년대에 세워진 신식 리룽이다. 원래 좁은 골목 형태로 집들이 죽 이어져 있는 리룽은 앞에서 이미 거론했듯이 청 말부터 이어져 내려온 기생들이 상하이로 옮겨 와서 모여 살던 '리(里)' 형식에서 유래한다.

이 '리'는 이후 20세기 초에 대부분 철거되고 새로운 형식의 리롱 구조[22]로 바뀌는데, 여기서 신식 리롱 구조 주택들은 각종 비에수가 되었다. 기존의 낡은 기생집들은 철거되어 중국 자본가들이 이 구조를 충분히 이용하거나 서양인이 이런 건물들을 사들여 실질적 지주가 되고 중국인을 대리로 내세워 경영하는 새로운 주택 단지가 되었다.[23] 실제로 이런 새 리롱 형식으로 지어진 비에수는 기존 기생들을 몰아내고 새로운 지식인 계급들이 차지하게 된다. 이러한 현상은 근본적으로 도시 자본주의를 상징한다.

즉 비에수는 구냥처럼 상하이 모던을 위해 강요당한 결과로, 상하이 모던 이면에 있는 아픈 상처들의 실체가 된다. 구냥처럼 화려하고 싶었던 상하이 맨션 비에수는 과거를 향하고 또한 과거를 박제해 현재에 전시됨으로써 상하이 제국주의자들을 향해 열망했던 당시 모습들을 그대로 남겨 둔다. 이 또한 구냥처럼 스스로를 낮추어 굴기하려는 모습과 동일하게 작동한다. 대체적으로 방치 또는 존치된 비에수들은 바로 옆 화려한 도심의 얼굴 속에 자리하면서 이것이 과거 빛나는 상하이의 모습이었음을 대비해서 보여 준다.

상하이 모던을 이와 같이 과거 시간으로 박제화하려는 욕망은 중국이 제국주의 주체자에게 주목한다는 사실을 알려 준다.

상하이 징안 다운타운 내 주상 복합 건물

도심 내 주상 복합 건물은 상하이의 과거를 박제화하고 시각화해 진열한다.

이는 중국이 감내해야 했던 치욕을 드러내는 것이 아니라 제국주의자가 되고 싶은 강렬한 욕망을 감추는 역할을 한다. 상하이에 구현된 중국의 제국주의적 열망은 20세기 초기 제국주의자들을 과거로 밀어 넣으면서 동시에 그 밑에 감춘다. 상하이 모던으로 대변되는 상하이의 과거 이미지는 서양 아래서 스스로 낮은 곳에 자리했던 중국인들의 자화상이다. 그리고 황푸를 중심으로 강 서쪽의 난징둥루, 난징시루, 징안으로 이어지는 푸시는 과거를 대변하면서 동쪽 푸둥이라는 신중국과 일직선을 이루며 공간적으로 대별된다.

구냥으로 대변되는 여성과 스쿠먼, 리룽은 바로 그러한 중국인들이 만들어 온 중국적 모더니즘에 관한 현재적 평가이며 동시에 미래를 설명하기 위한 장치가 된다. 그래서 상하이는 구냥이었고, 지금도 구냥으로서 굴기를 꿈꾼다. 이는 상하이가 자신을 숨기는 또 다른 방법이다.

6

얼룩덜룩한
사회주의

포스트 사회주의 중국은 사회주의를 공식적으로 버리지 않은 채, 외국 자본주의를 그대로 허용함으로써 얼룩덜룩한 자본주의를 형성하고 있다. 포스트 사회주의 중국의 포스트는 바로 이런 것이다. 사회주의 바탕 위에 여러 가지 방식으로 자본주의가 섞여 있어 얼룩덜룩하다. 사회주의 이데올로기와 같이 굳건했던 사회주의 시기 건물들은 다양한 자본주의의 흔적을 남기며 포스트 사회주의 중국에서 공간 전회를 이룬다.

사회주의
젠트리피케이션

중국 국가 산업으로서 문화창의 공간(Cultural and creative space)은 사실 2001년부터 시작된 지방 정부의 움직임에 국가가 반응한 것이다.[1]

국가가 상하이시 정부 주도 사업 계획에 직접적으로 관심을 두고 행정적으로 뛰어든 주요한 포인트는 이러한 공간들이 수익성이 높다는 데 있었다. 여기서 말하는 수익성은 임대료를 의미하는데, 사실 이 공간들을 임대하는 개인들이 직접 담당함으로써 생겨나는 경제 활동 모두를 포함한다. 이것이 상하이 도시에 생겨난 포스트 사회주의 도시 인프라로, 미국과 구별되는 중국만의 독특한 도시화 과정이다.[2]

상하이에 이렇게 생겨난 포스트 사회주의 도시 인프라를 배경으로 사회주의 시기 지어진 공간들에는 예술 작품을 두거나 편리한 문화 시설들을 유치하는 방법으로 새로운 상하이 공간,

©kimyoungmi

상하이 사회주의 젠트리피케이션

사회주의 젠트리피케이션을 보여 주는 홍팡(화이하이루로 옮기기 전 공장 지대 모습)

즉 부동산 생산에 따른 경제적 가치가 창출된다. 예술 작품들은 소비자들의 감성을 자극하면서 공간을 새롭게 인식하게 만들어 준다. 그렇게 되면 상하이의 어떤 장소는 감성 공간으로 바뀌고 이에 따라 경제적 가치가 높아지는데, 상하이의 공간 생산은 이런 시스템으로 작동하게 된다. 이 부분이 얼룩덜룩한 자본주의에 해당한다. 예술 문화로 공간 전회를 이루는 새로운 공간 구동 방식은 포스트 사회주의 중국 상하이에 새로운 공간 생산 시스템을 구축한다. 바로 예술을 문화 저변에서 흡수하고 그것이 산업적 측면에서 경제적 이익을 가져오는 구조인 셈이다. 또한 이런 방식이 감성의 형태로 드러나기는 하지만 바로 이 감성이 상하이의 새로운 도시성을 설명해 주고 사람들은 기꺼이 이 감성에 동참하기를 욕망하게 된다. 상하이를 욕망한다는 것은 곧 이 새로운 공간에서 감성을 느낀다는 뜻이다.

사실 문화창의 공간의 각 장소는 포스트 사회주의 시기 생산과 소비 형태가 새로 조성된 공간이다. 여기에는 기존 정부 시책에 따라 조성된 '문화 공간'과 새롭게 공간이 분할되어 도시 경험을 강조하는 '창의 공간'이 모두 속한다. 문화 공간은 새로운 소비 방향을 이끌고, 창의 공간은 테크놀로지를 결합한 최첨단 기술 융합 창업 산업을 이끈다. 이 공간들에는 문화와 예술이 섞여 있으며, 중국 신시대에 걸맞은 중국의 국가 정책 방향성이 고스란히 드러난다. 상하이의 문화창의산업단지는 실제로 경제 산업 지구와 문화 산업 지구가 결합한[3] 형태를 띤다. 대표적으로 거론되는 곳은 홍팡(紅坊, Red Town), M50, 톈쯔팡 등이다. 이곳들은 사실 개인 투자자들이 경제적 이익을 위해서 임대 사업을 하면서부터 시작되었다.[4] 이런 개인적 비공식 토지 자산들은 이후에 개인 투자자들의 소유로 인정되는데, 중국 정부는 바로 이렇게 개인 투자자에서 국가와 연합하는 형식으로 사회주의 시기 국가 공유물의 성격을 바꾼다. 그리고 이곳에 거주했던 상하이 주민들은 바로 이 사회주의적 공간에서 축출된다. 소위 말하는 '사회주의 젠트리피케이션'이다.

얼룩덜룩한 자본주의가 교묘하게 카무플라주(Camouflage)되는 부분은 상하이 지대를 임대해 주는 사업이 이루어지는 공간들 속에 있다. 이는 문화창의산업이라는 국가 정책의 이면이라고 말할 수 있다. 상하이에서 진행된 문화창의산업은 서양의 '도시 재생 사업(Urban regeneration project)'처럼 보이지만 사실은 그 성격이 매우 특별하다. 왜냐하면 일반적 도시 재생 사업에서는 개인이 소유한 땅이 개발되어 지대료가 그 개인에게 돌아가는 구조지만, 상하이에서는 근본적으로 도시 재생에 가담한 주요 주체와 그 경제적 이익의 직접적 수혜자가 국가, 즉 중국이기 때문이다.[5] 도시 재생 이후 공간 임대료는 상승하고 화려한 외양과 볼

거리를 갖추게 된다. 하지만 이 화려한 공간에서 소비하는 주체는 인민이다. 결국 문화창의산업을 통해 중국 정부는 약간만 투자하거나 인민들의 거주 지역을 공공연하게 이동함으로써 엄청난 경제적 이익을 얻게 된다. 이런 방식의 소비와 생산 구조는 인민들을 위한 문화 공공 서비스가 경제적 측면으로 인식된다.

문화창의산업 공간에서는 산업과 문화가 결합하는 방식으로 공간의 성격을 창출하기 때문에, 적극적으로 공간들을 포장할 필요가 있었다. 포스트 사회주의 이후 국가나 시 정부가 경제 프로그램 운용에 주력하면서, 주로 사회주의 시기의 큰 공장 지구나 인민들의 주거지, 즉 국가가 소유한 대규모의 저렴한 토지들이 주목받게 된다. 여기서 중요한 점은 국가가 아니라 시 정부와 민간인들이 토지 임대업을 통해 공간의 성격을 개인 자본의 공간으로 바꿔 놓은 데 있다. 이 공간들은 사회주의 시기에는 생산하는 장소였지만 이제는 예술과 문화를 소비하는 장소로 바뀌어, 완전히 대역전한 장소성을 지닌다. 중국은 이런 방식으로 '민+관 통치 시스템'을 만들어 냈고,[6] 여기까지가 1기 사회주의 젠트리피케이션이다.

2기 사회주의 젠트리피케이션은 2010년 이후 드러난다. 주로 새로운 컨템퍼러리 예술 공간들이 이동하여 문화 공간과 전문 예술 공간을 분리하거나, 안으로 장소를 옮겨서 백화점이나 대형 쇼핑센터와 결합한 소비 공간으로 변모하고 있다. 이 과정에서 기존 상권들이 대형화하거나 홍콩이나 아시아 각국에 근거지를 두고 있는 갤러리들이 투자하는 방식으로 공간들이 이동하거나 변화한다. 이는 1990년대 이후에 태어난 새로운 소비 계층들의 소비문화 패턴에 따른 방식이기 때문에, 1기 젠트리피케이션과 달리 훨씬 더 자본주의 국가에서 일어나는 젠트리피케이션을 닮았다.

우선 훙팡은 초기에는 훙차오(虹橋, Hong qiao) 공장 지대인 상하이 제10철강공장(上海第十鋼鐵厂, Shanghai No. 10 Steel Factory: 1956년에 '상하이 제1철강공장'이 세워진 이래, 2년 후 세워진 열 번째 공장)에서 예술과 상업 브랜드들 사이에 있었지만, 2018년에 도심의 화이하이루로 이동하여 '레드타운 166(Red Town 166)'으로 이름을 바꿨다.[7] 이 과정에서 사회주의 공장 지대에 있던 공간들이 민간인 주거 지역으로 침범하게 됐다. 또한 상하이 쑤저우 하천 모간산루(莫干山路)에 있는 'M50'은 위치는 여전하지만 새로운 변화를 위해 수리하고 있다. 이곳에는 이전 사회주의 공장 지대 속에 있던 노동자들의 주거 공간이 그대로 있으며, 현재 각 개인 거주 지역은 조그마한 레스토랑과 카페들에 임대되어 있다. 또한 예술 공간 내부에서 개인 자본주의를 열심히 확장하는 중이다.

'톈쯔팡'은 초기 예술 작업자들이 이미 떠난 상태다. 현재 톈

쓰팡에는 외국인들을 대상으로 관광 코스처럼 운용되는 상점들이 밀집되어 있다. 이곳은 사회주의 시기 공장 지대에서 예술 상업 지구가 된 상황과 달리, 1930년대 스쿤면 양식으로 지어진 민간 주택들의 용도를 바꿔 쓰는 방식이 이루어졌다. 천이페이(陳逸飛)나 얼둥창(尔冬强) 등 아티스트들의 예술 공간들이 지금도 남아 있기는 하지만, 현재는 외국인 관광객에게 중국적인 것들을 파는 기념품 가게로 그득하다. 원래 톈쯔팡이 주목받은 까닭은 이곳이 프랑스 조계지에 속하면서 바로 옆으로 포스트모더니즘을 대표하는 신톈디와 붙어 있기 때문이었다. 하지만 지금은 완전히 올드 상하이 이미지가 상업화되어 진짜 예술은 떠나고 관광 코스 같은 상업 지구로만 남았다. 현재 톈쯔팡과 신톈디 사이에는 대형 쇼핑몰들이 포진하여 앞뒤로 어울리지 않는 지구들을 누더기처럼 이어 붙인 듯하다.

2기 젠트리피케이션 시기에 접어들면서 크리에이티브한 예술과 그 예술로써 산업적 측면에서 새로운 경제적 이득을 얻고자 하는 문화 사업은 분리될 필요가 있었다. 무작위로 국가 정책에 따라 자본주의의 길로 들어선 상하이 컨템퍼러리 예술은 베이징의 컨템퍼러리 예술과 달리 안전하게 상업주의에 안착했다. 하지만 여기에는 문화적 공간에서 예술이 상업화되는 것 이상의 무언가가 필요했다. 왜냐하면 이 시기 중국의 컨템퍼러리 예술

은 이미 포스트 사회주의 중국이 선택한 새로운 예술 표현 수단
으로서, 과거 사회주의 시기 예술과는 달라야만 한다는 당위성
이 있었기 때문이다. 1기 사회주의 젠트리피케이션에서 동원되
었던 컨템퍼러리 예술 작품들은 사회주의 시기에 유행했던 '팩
토리(factory)' 방식을 여전히 답습했다. 그들은 개별 예술가의 재
능을 인정해 달라고 외치면서도 여전히 미술 공장 단지 내에서
새로운 컨템퍼러리 예술을 행했다. 2000년대 후반, 정확히 상하
이에서 2기 사회주의 젠트리피케이션이 일어나면서 상하이 예
술가들은 기존의 공장 문화 기지 내에 있던 예술 작품 공간을 버
리고 서쪽 번드로 그들의 예술 공간을 확보해 나갔다. 이 과정에
서 두 가지가 충족되었다. 하나는 컨템퍼러리 예술이 장소성과
관련해서[8] 새로운 작품에 어울리는 새로운 공간이 필요했다는
점이고, 다른 하나는 이들의 이동에 경제적 뒷받침을 해 줄 해외
자본의 유입이었다. 세계적으로 중국 현대 미술이 각광받고 있
었기 때문에, 해외 자본들가들에게는 블루칩 작가들을 붙잡아
두는 일이 중요해졌다. 이는 구체적으로 상하이시 정부나 국가
사업에서 탈피한 민영 그룹들이 예술을 그들의 경제 구조 안으
로 끌어들인 결과로 나타난다. 물론 신자유주의 덕택이라고 할
수 있는 외국 기반 민영 그룹이나 화교 민영 그룹이 그 혜택을
받았다. 이것이 2기 젠트리피케이션이다.

1기 젠트리피케이션의 결과 상하이 문화창의산업 지구들이 여전히 1990년대 중국 정부 정책의 강력한 영향으로 붉은색이 전체 기조를 이루었다면, 2기 젠트리피케이션이 이루어진 예술 지구들은 확실히 붉은색에서 벗어나 업사이클링 회색 바탕에 네온색을 포인트로 삼고 있다. 도시적 인더스트리얼 감성을 충분히 느끼도록 조성되어 있으며, 동시에 아이보리색과 같은 밝은 느낌의 철제 빔, 반짝이는 유리 등으로 글로시한 감각을 더한다. 특히 1기와 2기가 나뉘는 바탕에는 '업사이클링(upcycling)'이 있다. 창의적으로 재사용하기 위해 기존의 부산물이나 폐자재 같은 쓸모없거나 버려지는 물건을 새롭게 디자인해 예술적·환경적 가치가 높은 물건으로 만들어 내는 재활용 방식을 선택했다.

사실 2기 상하이 젠트리피케이션에서 컨템퍼러리 예술이 산업 지구를 재활용하는 현상은 컨템퍼러리 예술 자체의 성격과도 맞아떨어지지만, 더 큰 방향성은 중국 정부에서 시행한 녹색 산업과 연관이 있다. 중국은 2017년 시진핑의 제19차 전국대표대회 이후 뉴노멀(New normal)로서 녹색 산업을 제시했는데,[9] 예술은 여기서 새로운 생산과 소비 측면을 담당하게 된다. 즉 컨템퍼러리 예술이 선택한 산업 지구 재활용은 중국의 새로운 녹색 산업 안에서 한 축을 담당하게 되는 셈이다.

이로써 문화창의산업 지구에서 공간 생산 시스템을 구축했던 예술 전시 공간들은 성격이 변화하여 이 공간에서 분리되었다. 예술이 빠져나간 문화창의산업 지구는 마켓이나 유명 브랜드 론칭 장소처럼 화려한 소비 감성 공간으로 재빨리 탈바꿈했고, 예술은 자신의 컨템퍼러리 성질을 십분 발휘하여 더 실험적인 도시 외부 공간으로 이동했다. 결국 예술은 일반적 문화 현상에서 벗어나 독자적 공간을 추구하는 방향으로 나아가게 되었다.

2기 젠트리피케이션은 서쪽 번드에 집중적으로 새로 생긴 부두형 컨템퍼러리 미술관에서 나타났다. 문화에서 분리된 컨템퍼러리 예술은 사회주의 공장 지구가 탈생산주의 공간으로 방향을 전환하는 데 가장 중요한 역할을 했다.

재미있는 사실은 예술가들의 주거지이자 작업장들이 동쪽 번드에서 서쪽 번드로 이동하게 되면서 서쪽 번드가 새로운 경제권으로 조명받고 있다는 점이다. 쉬후이빈장 구역이라고 불리는 이곳은 2016년 상하이시 정부가 발표한 '13.5계획(上海"十三五"規劃)'[10]과 함께 성장하고 있다. 이곳에 세워진 '롱미술관(龍美術館, Long Museum)', '유즈아트미술관(余德耀美術館, Yuz Museum)' 같은 대표적 미술관과 '웨스트번드 예술박물관(西外灘藝術博物館, West Bund Art Museum)' 같은 대규모 전시장은 상하이 도시 전체를 새로운 컨템퍼러리 예술 전시장으로 탈바꿈하게 만들었다. 말하자면 예술이 하나의 고수익성 산업 활동으로 변화하면서 상하이 경제를 활성화하는 데 예술 작품 전시 공간의 이동이 큰 역할을 하고 있는 셈이다. 이는 홍콩에서 매년 열리는 크리스티 미술품 경매나 아트 바젤 등 유럽이 이끌고 나가는 국제적 예술 키워드에서 아시아가 차지하는 지분과 지위를 완전히 변화하게 만든다. 즉 상하이 예술 지구의 전체적 이동과 거대한 규모, 컨템퍼러리 예술 작품 전시에 걸맞은 컨템퍼러리 전시관 확보 등은 중국 정부가 홍콩의 특수성을 버리고 온전히 중국 대륙만의 컨템퍼러리 예술 특색을 지닐 수 있게 하는 결과를 가져왔다. 따라서 상하이에 새로 조성된 커다란 규모의 예술 단지들은 문화창의산업 단지와는 구별되면서 크게는 다시 제2의 문화창의산업 단지로 확대될 가능성을 지닌 공간들로 해석될 수 있다.

사회주의 시기 산업 공장들을 재활용한 회색 공간들은 기본적으로 상하이시 정부에서 시작해서 해외 자본이나 화교 자본을 중심으로 한 민영 그룹, 그리고 다시 중국 정부까지 다양한 생산자들에 의해 재탄생되었다. 예술은 여기서 도시를 컬러화하면서 새로운 경제 구조를 창출한다.

두 가지 유산의 결합,
제국주의와
사회주의

익숙하지만 낯선 이미지를 보여 주는 것은 상하이 컨템퍼러리 미학에서 반복적으로 나타난다. 이는 과거와 미래를 하나로 겹쳐 놓는 시간 개념 때문에 발생한다. 마오 시기의 사회주의를 떠올리게 하고, 지금의 포스트 사회주의를 한곳에 포개 놓으면서 경쾌한 이미지로 소비 미학을 강조할 때도 이런 방법이 많이 쓰인다. 이는 분명히 중국이 상하이 모던과 더불어 과거를 이미지화하는 방법이다.

   사회주의를 익숙하지만 낯설게 만드는 방법들은 1949년 신중국 이후에 생겨난 생산 기지들에서 집중적으로 나타난다. 생산을 강조했던 지난 사회주의 시기에 중국의 모든 공장은 인민들의 주거와 함께 '노동 단위'를 위한 공간으로서 성격이 형성되었다. 노동 현장과 삶이 나란히 배치되어 하나의 공간으로 형성되는 '노동 단위(labor Unit)'형 공간 형태는 중국에서는 일반적 모습이 되었다. 하지만 이런 모습도 베이징과 상하이는 사뭇 다르게 나타났다. 베이징은 청대 왕족의 중심 도시였으므로 왕족의 공간들을 도심에 유지한 채 도시 노동 단위를 형성해야 했고, 따라서 노동 단위는 당연히 도심 밖으로 밀려나 거대한 공간을 형성하게 된다. 상대적으로 상하이는 도심 내에서 노동 단위 공간을 형성하게 된다. 상하이에서는 19세기 말과 20세기 초반에 서양 제국주의자들이 도심에 크고 작은 공장 단지를 구축하고 있었기 때문이다. 신중국 시기 상하이에는 제국주의 공장 단지들을 그대로 이어받은 대단위 생산 단지가 있었고, 다른 한편으로는 리롱 구조의 집들이 몰려 있는 좁은 골목길에 소규모 가내 수공업을 중심으로 하는 소단위 공장이 도심 곳곳에 박혀 있게 된다.

　서양인들의 왕래가 쉬운 부둣가를 중심으로 상하이 황푸강 서쪽에 만들어진 대규모 공장들은 식민지 산업의 형태를 취하고 있었기 때문에, 노동과 주거가 한 공간에 배치된 사회주의식 노동 단위형 산업 부지와는 모습이 달랐다. 물론 이런 식민지 산업 공장들은 규모가 꽤 컸지만, 노동자들의 주거 공간이 함께 배치되어 있지는 않았다. 따라서 이러한 산업 공장들은 이후 포스트 사회주의 시기 공간 전회에서는 문화창의산업 안으로 들어가 일반 시민들에게 개방되는 공공 공원이나 산책로 등을 동반하는 방향으로 모습을 갖추었다. 반면, 골목에 세워진 소단위 공장은

서쪽 번드에 있는 '롱미술관'
부둣가의 하역 건조물을 그대로 이용하여 포스트 사회주의 공간 전회의 예를 보여 준다.

주거지가 먼저 있던 상태에서 산업 시스템이 들어가다 보니 공간을 재생할 때 인민들의 주거 공간을 포함하게 되어, 예술 단지 내에 예술가들의 레지던시를 동반하는 형식으로 발전한다. 제국의 유산을 물려받지 않고 신중국 시기에 황푸강 동쪽에 세워진 대규모 공장들은 앞의 두 식민지 산업 형태와 달리 사회주의식 생산 기지와 노동자 주거 단지가 하나로 합쳐져 '단위(unit)'로 작동하도록 대단위 산업 부지들로 구성되었다. 이런 형태의 사회주의식 대규모 노동 단위형 산업 공간들은 주거하는 인민들의 생활을 더욱 고려하여 주로 신축 아파트 형태를 띤다. 또한 주거민들을 위한 문화와 예술 공간, 대형 쇼핑센터와 같은 자본주의 공간이 배치되는 방식으로 공간 전회가 이루어진다. 전체적으로 상하이 컨템퍼러리 공간은 서양 조계지 시절과 사회주의 시기 동안 남겨진 공장들이 여러 가지 용도 변경을 거치며 만들어졌으므로, 익숙하면서도 낯선 감성을 지닐 수밖에 없다. 여기에서는 이전 사회주의에 관한 기시감이나 완전히 그 반대인 낯선 모습이 돋보이는 방법들이 유용되었기 때문이다.

익숙하면서도 낯선 양가감정이 들지만 사실 서로 전혀 다른 것이 아니다. 이는 자본주의와 사회주의가 태생상 분리된 것이 아니라 연결된 상태로 잉태되었다는 사실에서 연유한다. 또한 자본주의는 실상 포스트 사회주의 중국을 지배하는 거대한 모더니즘 계획의 일부였으므로 사회주의 시기에도 결코 소멸된 적이 없었다.

마오 정부는 신중국 초기에 국민당 정부로부터 남겨진 '민족 자본주의자'들의 자본주의 방식을 그대로 활용하고 그것을 국가 자본주의로 흡수해 나갔다.[11] 사회주의 중국에서는 도시의 사회주의 기반이 미약했으므로, 도시 노동자들의 사회 정치적 유대가 매우 약했다. 이는 곧 중국이 농촌 경제 중심으로 되고 도시의 노동 계급을 완전히 장악하지 않은 채 도시 자본주의를 안고 시작하게 되는 계기가 되었다.[12] 상하이에 남아 있던 청 말 사대부와 신흥 부유층이 소유했던 자본주의 유물과 그 문화 습관들이 한동안 상하이를 지배했고, 그것이 중국 사회주의 도시 기반의 성격이었다. 따라서 준식민지 상태였을 때 생겨난 신흥 부유층의 자본주의적 흔적들이 사회주의 시기에 접어들어서도 전혀 낯설지 않았으며, 이렇게 자본주의와 사회주의가 섞여 있는 감각들은 상하이 대도시가 역사적으로 형성된 독특한 바탕이 된다. 그리고 이러한 공간 유물들은 자본주의인 '너'와 사회주의인 '나'를 연결하는 미학을 자아낸다.

여기서 말하는 자본주의는 국민당 정부가 남긴 민족 자본가 자본주의로, 결국 그 위로 거슬러 올라가다 보면 이 자본주의는 20세기 초기 서양 제국주의자들이 세운 산업 현장들의 유산이며 동시에 서양인이 경영하는 방식들을 포함하게 된다. 1860년 이후 영국이 제일 먼저 상하이에 면방직 공장을 설립[13]한 이래로 1920년대[14]에 접어들어서는 중국 내부의 민족 자산가들이 공장을 경영하면서, 상하이는 이미 1930년대 이전에 민족 자산가들이 운영하는 산업 공장 시설을 갖추고 있었다. 1949년 이전에는 여기에 기본적으로 크고 작은 공장들이 도심 곳곳에 있었다. 신중국이 들어서면서 이러한 산업 현장들은 본체는 그대로 유지한 채 건물명만 바꿔 제국주의의 흔적들을 사회주의 생산 역량으로 덮었다. 신중국 이후 이 공장들은 이름만 바꾼 채 사회주의 문명으로 그대로 흡수되었기 때문에, 상하이에서 포스트 사회주의 중국을 조명하는 일은 필연적으로 올드 상하이와 연결된다. 따라서 사회주의에서 포스트 사회주의로 넘어가는 과정에서 상하이의 과거를 조명하고 이미지화할 때는 상하이 모던이 사회주의 속으로 들어가 한 쌍으로 기능한다. 그리고 익숙하면서도 낯선 두 가지 감성을 세련되게 만드는 것이 상하이 도시의 매력으로 작동한다.

동쪽 번드를 중심으로 황푸강 앞에 있는 금융 관련 건물들과 그 뒤쪽에 있는 서양 모더니즘 건물들은 제국주의와 사회주의가 결합된 모습을 잘 보여 준다. 베이징루(北京路)에서부터 시계 방향으로 허난루(河南路), 푸저우루(福州路), 시짱루(西藏路)로 이어

동쪽 번드 허난루와 베이징루 사이에 있는 상하이시약재유한공사

상하이약재유한공사(上海藥材有限公司)는 1955년 사회주의 노동 단위로 공간의 성격을
바꿨다.

지는 이 구역에는 제국주의 건물을 그대로 이어받은 사회주의 노동 단위의 기업(公司)이 모두 들어서 있다. 개혁개방 이후로는 포스트 사회주의 건물에 해당하는 컨템퍼러리한 소비 공간들이 제국주의와 사회주의가 결합된 건물들 사이사이에 끼어 있게 되었다.

여기서 제국주의의 유산들은 두 가지 방향성으로 진행된다. 하나는 헤리티지 방식이다. 제국주의 흔적을 상하이의 역사 유물로 간주하여 그대로 간직하고, 이를 우수역사건축 형태로 전면에 배치해 과거 시간을 그대로 연출한다. 또 하나는 신중국 시기에 사회주의 생산 기지 유산으로 변모한 제국주의와 사회주의가 결합된 건물들의 성격을 포스트 사회주의 시기에도 그대로 이어받는 방식이다. 제국주의와 사회주의가 결합된 건물들은 우수역사건축물 뒤에 바로 이어져 있다. 헤리티지로서 성격이 부여되지는 못했지만 우수역사건물로서 효과를 그대로 누리게 된다. 따라서 이러한 건물들은 과거성을 현재화해서 활용하고 있다고 말할 수 있다.

결론적으로는 와이탄 뒤쪽 제국주의자들의 건물은 모두 사회주의 생산 공간으로서 사회주의 시기에 변모했기 때문에, 포스트 사회주의 중국의 컨템퍼러리 특성이 이런 곳에 모여 덩어리로 존재하게 된다.

인민,
인민

인민 이미지를 전면에 배치하는 작업들이 상하이 도심 곳곳에서 진행되고 있다. 인민 이미지는 개혁개방 이전의 사회주의 중국 사회를 대상화하는 작업에 사용된다. 상하이는 도심 내에 산업 단지와 주거 단지가 함께하는 특성이 있기 때문에, 이 산업 현장의 주체자인 인민의 이미지를 곳곳에 배치하여 삭막한 산업 현장을 다른 분위기로 만든다. 이러한 현상은 특별히 지금의 포스트 사회주의 인민들의 소비주의와 함께 진작되는 측면으로 감지된다. 중요한 사실은 인민이 상하이 공간 전회에 주요한 생명력으로 작용한다는 점이다.

현재 포스트 사회주의 중국에서 인민이 대상화되어 새로운 주역으로 제시되는 현상은 문화 예술과 일상생활 두 가지 측면으로 나누어 볼 수 있다.

첫째, 인민 이미지가 문화 소비 공간에서 예술의 형태로 대상화될 때, 인민 개인들에게 집중하게 된다.

상하이에서 문화 소비 공간은 1995년부터 2000년까지, 2000년에서 2010년 상하이 엑스포 전까지, 다시 2010년 이후부터 2024년 현재까지 세 시기로 나누어 살펴볼 수 있다. 이러한 시기 구분은 정부 시책별로 공간 리뉴얼의 중점이 이동하고, 이에 따라 예술 공간들도 점유되었다는 사실에 유의한 것이다. 문화 소비 공간에서 예술이 강조된다는 것은, 사회주의 시기 집단 노동 단위였던 공간이자 인민이 노동자로 존재하던 공간에서, 개인적 창조성을 바탕으로 한 개별적 산업 단위로 공간의 성격이 바뀌었음을 의미한다. 이는 인민들이 사회주의 시기 산업 현장 속에서 집체적으로 생산하던 공간들을 모두 하나하나 쪼개는 작업들로 드러난다.

첫 번째 시기는 1995년을 즈음하여 1990년대 후반, 조금 늦게는 2000년 초반까지다.

1995년에 생긴 소비 문화 공간은 사회주의 시기 공장 지대였던 산업 현장으로, 포스트 사회주의 시대를 대변하는 새로운 인민의 생산 공간으로서 조명받다가 이후 소비 공간으로 변화했다. 이때 예술과 문화가 미처 분리되지 않은 채로 예술 문화 단지가 생겨났는데, 바로 홍팡과 M50 같은 곳들이다. 여기서 블루

칩 작가들의 예술 작품과 세계 유명 브랜드들의 론칭 행사가 큰 역할을 했다. 예술가들이 참여해서 자본주의 상품을 유통하는 행위는 시기적으로 이르게, 상하이의 사회주의 생산 공간이 포스트 사회주의 소비 공간으로 변모하는 획기적 공간 전회를 가져온다. 이러한 소비주의 속에서 예술가의 개별 상품은 유통에서 새로운 통로를 개척하고, 예술과 소비 상품이 결합하는 현상은 사회주의 중국이 포스트 사회주의로 나아가는 데 중요한 역할을 하게 된다.

무엇보다 이러한 움직임은 근본적으로 예술 자체적 발전 노선과도 부합했기에 가능했으며, 1990년대 이후 중국의 현대 미술이 각광받기 시작한 대외적 상황과 서로 조응하는 측면도 있었다. 이는 예술 작가들이 노동 단위 속에서 활동하지 않고, 작가 본인의 이름을 브랜드화하고 그 작품을 개별적으로 아트 마켓에 선보이는 일과 연결된다. 이러한 변화가 일어난 까닭은 사회주의 체제에서는 미술 작품이 시장화되는 일 자체가 없었지만, 이 시기에는 서양 아트 마켓에 여러 유통 구조가 있다는 사실을 알게 되었기 때문이다. 어쨌든 1995년부터 2000년 초기까지 생성된 문화 소비 공간들은 상하이가 포스트 사회주의 중국의 새로운 감성 공간이 되는 데 가장 큰 역할을 했다.

두 번째 시기는 2000년 초기 이후로, 이 시기에 상하이 문화 소비 공간들은 컨템퍼러리 예술이 지니는 '장소성'과 마주치면서 더욱 새로운 생산과 소비 방식을 만들어 낸다.

폴 오닐(Paul O'Neill)은 컨템퍼러리 예술에서 관객과 소통하는 장소로 미술관을 지목한다. 미술관에서는 예술가가 자신의 작품을 설명하는 것보다, 작품을 설명하기 위해 공간을 기획하고 그 공간 안에 지표들을 내세워 관객들과 소통하도록 만드는 큐레이터의 역할이 중요하다고 했다.[15] 큐레이터들은 개별 창작자와 개별 예술 향수자나 구매자들을 연결하는데, 이것이 바로 국가별로 움직이는 경제가 아닌 개별적으로 움직이는 신경제 구조를 의미한다. 또한 실질적으로 관객과 대화하는 '장소'로서 컨템퍼러리 뮤지엄은 정확하게 자본주의 경제 구조 안에서 작동된다. 이는 미술관이 시장처럼 암묵적 거래 장소로 변하는 상황을 뜻한다.

한편 잠정적 문화 소비자로 여겨지는 일반 서민들은 문화 산책이나 여유로운 감성을 즐기기 위해 이 새로운 장소에서 새로운 경험을 하게 된다. 이는 이데올로기를 일방적으로 수용하는 것이 아니라, 큐레이터라는 예술 소비의 중간자가 선택한 '담론(discourse)'과 만남을 뜻한다. 이 담론들은 큐레이터에게 선정되고 또 일반인에게 제시되는 지식 생산 체계의 키워드들이다. 관객들은 미술 작품을 통해 사회의 중요한 문제나 관심 방향들을 더 쉬운 방법으로 그리고 유쾌하고 경쾌하게 접하게 된다. 이로써 새로운 문화 예술 소비자인 인민이 생겨난다.

첫 번째 시기 1990년대 후반에 새로운 개별 생산 창작자로서 예술가들이 포스트 사회주의에서 새로운 인민 계층을 만들어 낸 이후, 두 번째 시기에 접어들면 예술과 대화하고 예술을 소비하는 관객으로서 또 다른 인민 계층이 탄생한다. 이렇게 두 시기에 걸쳐 상하이 문화 소비 공간에서 생겨난 새로운 성격의 인민들은 국가 기획에 따른 경제 노동력으로서 존재하는 것이 아니라, 그들 스스로 생산과 소비를 개별적으로 하면서 새로운 경제를 파생하게 한 데서 출발한다. 이로써 생산 집단에 속했던 노동자들이 개별적으로 생산하고 소비하는 새로운 경제 라인을 형성한다. 또한 이렇게 새로운 생산과 소비가 이루어지는 장소에서, 사회주의 시기 남겨진 공업 유산들의 문제가 함께 가동하면서 문화 소비 공간은 새로운 지경을 열게 된다. 이러한 공간은 주로 국가에서 계획적으로 발굴한 곳으로, 북서쪽 쑤저우 하천 지역과 남서쪽 쉬후이빈장 지역이 여기에 속한다.

첫 번째 시기가 주로 문화 공간과 창의 공간을 분리하여 지난 사회주의 시기 공간의 성격을 자본주의 성격에 맞게 개조하는 데 힘을 쓴 반면, 두 번째 시기에는 조금 더 세련된 방식으로 예술을 문화 안으로 끌고 온다. 이에 따라 교육용 혹은 일방적 감상용이었던 미술관이 사회문제들을 주제로 관객과 작가가 대화하는 장소로 바뀐다. 이는 두 시기 모두 거치며 형성된 상하이 문화 소비 공간이 더 새로운 컨템퍼러리 감성을 지니게 만든다. 즉 첫 번째 시기에 창작자인 예술가들의 새로운 생산 라인이었던 공간이 두 번째 시기에는 소비자들의 새로운 소비 라인으로 확대되었음을 의미한다. 말하자면 포스트 사회주의 중국에서 '상하이 컨템퍼러리 감성'이라는 수식어를 공간에 붙이기 위해서는 공간의 장소성이 집단에서 개별로, 정확히 생산에서 소비로 변화해야 함을 뜻한다.

두 번째 시기 문화 소비 공간에서 가장 중요한 특징은 문화로부터 예술이 따로 떨어져 나와 컨템퍼러리 감각을 더하게 됐다는 점이다. 이 시기에 포스트 사회주의 중국의 현대 미술은 컨템퍼러리성을 확실히 띠게 되었고, 첫 번째 시기에 이루어졌던 문화 소비 공간 내에서 예술이 독립적 지위를 얻게 되었다. 상하이 컨템퍼러리 예술의 독립적 발전은 전체 현대 미술이 컨템퍼러리 예술로 지칭되는 시기와 나란히 가면서 컨템퍼러리성을 더욱 배가하게 된다. 실제로 현대 미술이 1991년 냉전 종식 이후 일어난 변화, 즉 세계화, 통합 전자 문화의 확산, 신자유주의 경제와 정치의 지배, 새로운 유형의 무장 및 테러리스트와 충돌, 세계 각 국가의 위상 변화 등 사회적 문제들을 담아내지 못할 때, 컨템퍼러리 예술이 이러한 사회 문제들을 문화와 분리함으로써 더 전

문적으로 다루게 된다.[16] 시기적으로 겹치는 포스트모던 예술과 컨템퍼러리 예술은 구별된다. 컨템퍼러리 예술은 사회적 문제들을 공간화하거나 비엔날레와 같은 행사를 통해 네트워킹을 하는 형태로, 모더니즘 형식의 연장선상에서 비켜나 있다.

　상하이의 컨템퍼러리 미술관은 정확하게 이에 부응한다. 상하이는 1996년에 처음 비엔날레를 거행했다. 1995년 한국의 광주 비엔날레 이후 두 번째로 아시아에서 열린 비엔날레였는데, 1996년에는 타이완의 타이베이에서도 동시에 비엔날레가 열렸다. 이러한 현상은 1995년 이래 컨템퍼러리 예술 형식이 유럽이 아닌 한국이나 타이완, 중국 같은 아시아로 주무대를 옮겨 온 것과 관계가 있다. 1회 상하이 비엔날레를 개최했던 곳은 당시 '상하이미술관'이었고, 난징시루에 있었다. 이 미술관은 1933년에 세워진 영국식 건물로, 컨템퍼러리 예술 작품을 전시하기에는 적합하지 않았다. 사실 푸시에 있는 오래된 미술관은 모두 넓이와 높이 등 장소성 면에서 컨템퍼러리 예술과 적합하지 않았기 때문에 컨템퍼러리 예술 전시장을 분리해야 할 필요성을 야기하기도 했다. 또한 당시 상하이는 컨템퍼러리 예술 자체를 이해하지 못하기도 했지만, 더 이상 다른 대안도 없었기 때문에 이곳에서 비엔날레 행사를 치렀다. 이후 상하이미술관은 '중화예술궁(中華藝術宮, China Art Museum)'으로 이름을 바꾸고, 장소도 훨씬

규모가 큰 시짱난루(西藏南路)로 옮겼다. 하지만 비엔날레 행사를 이곳으로 옮겨서 하지는 않았다. 상하이 비엔날레는 2012년부터 황푸에 있는 '파워스테이션(Power Station of Art, 上海當代藝術博物館)'미술관¹⁷으로 옮겨 전시의 성격을 구분하게 된다.

이는 컨템퍼러리 예술 형식이 요구하는 여러 가지 조건을 갖추기 위해 푸시의 동쪽 번드를 중심으로 포진해 있는 뮤지엄 공간을 더 적합한 곳으로 옮길 필요성에 부응한 것이다. 또한 비엔날레와 같은 형식이 컨템퍼러리 예술에 끼어드는 현상은 거대한 기업 자본이 확실하게 공간을 점유한다는 뜻이기 때문에 새로운 뮤지엄들이 탄생될 수밖에 없었다. 상하이시 정부는 공간의 성격이 푸시와는 다른 양푸(楊浦)로 예술 공간을 옮기도록 적극적으로 계획한다. 양푸의 또 다른 지역인 쉬후이빈장에는 시정부 계획에 맞춘 공간 이외에도 민간인이 설립한 컨템퍼러리 예술 미술관이 생겨나는데, 예를 들면 유즈미술관, 롱미술관 등이다. 이 미술관들의 특징은 바로 신자유주의와 관계된 해외 자본이 유입되었다는 점이다. 즉 사회주의 미술의 위치는 완전히 달라졌다. 이로써 여전히 국가 이데올로기를 반영하는 수단으로서 존재할 가능성이 있던 중국의 미술 작품들은 국가 경영과는 궤를 달리하게 되었고, 예술적·공간적 성격도 다르게 형성하는 계기를 마련하게 된다.

두 번째 시기 내내 시각적으로 강조된 것은 '인민의 얼굴'이다. 이는 실제로 컨템퍼러리 예술의 여러 가지 주제 중에서 중국만이 이룬 독특한 지경이다. 중국 현대 미술 작가로 이름을 알린 장샤오강(張曉剛), 대머리 인민 이미지로 알려진 팡리쥔(方力鈞) 그리고 입을 활짝 벌리고 웃는 그림으로 유명한 웨민쥔(岳敏君)과 같은 작가들은 하나같이 인민의 얼굴을 택했다. 이 작가들이 그려 낸 얼굴 그림들은 기존 미술관에서는 전시할 수 없을 정도로 크기가 어마어마했다. 그들이 그린 인민의 얼굴들은 엄청나게 큰 공간을 차지했고, 실제로 그런 공간들을 제공한 것이 2000년 이후 상하이에 새로 등장한 뮤지엄들이다.

물론 이런 그림들은 1989년 천안문 사태 이후 밀려난 급진적 컨템퍼러리 예술을 대신하여, 다시 이전의 사회주의 양식으로 돌아간 경향과도 연관이 있다.[18] 컨템퍼러리 예술의 난해함을 바로 받아들일 수 없었던 사회주의 중국에서 우회하여 컨템퍼러리에 응답한 방법이 바로 2차원 평면에 그린 커다란 인민의 얼굴이다. 따라서 두 번째 시기에 인민들은 새로운 예술 소비자로, 또한 새로운 예술의 주요 묘사 대상으로 각광받게 된다.

그리고 이 두 번째 시기에 이미지화된 사회주의 인민의 얼굴들은 문화 소비 공간과 또 다른 소비 문화 공간으로서 컨템퍼러리 뮤지엄에서 충분히 인용된다. 여기서 인민들은 컨템퍼러리

포스트 사회주의 시기에 대상화된 사회주의 시기 '인민의 얼굴들'

사회주의 시기 강조된 낭만주의적 인민의 행복한 모습들이
산업 현장을 예술화하는 공간에 사용된다.

©kimyoungmi

문화와 예술이 분리되는 시점의 상하이 감성 공간들을 습득해 나간다. 포스트 사회주의 시기 개별적으로 조금씩은 서로 다른 인민들을 사회주의 시기의 획일적 인민들과 분리해 나가기 시작했다는 뜻이다. "저 건너편 거울에 비친 '너'의 얼굴은 지금의 '나'와 다르다." 이것이 두 번째 시기에 인민들이 수없이 보아 온 자신들의 과거 자화상이다.

세 번째 시기는 2010년 이후에 나타난다. 상하이 컨템퍼러리 예술 공간은 2010년 상하이 엑스포를 개최하면서 또 한 번 탈바꿈하는데, 이때는 '인민과 인민의 연결'이 강조되었다. 첫 번째 시기에는 그저 공간 자체의 변화만 꾀하다가, 두 번째 시기 공간에 인민을 배치하는 변화를 거쳐 드디어 중심을 공간에 두지 않고 현재 공간 안에 있는 인민들에게 중점을 두게 되었다. 즉 포스트 사회주의 상하이 도심에서 나타나는 사회주의 공간 전회의 방식은 가시적으로 '공간에서 인민으로' 중점을 옮기고 있다.

2010년 이후 상하이 소비 공간의 중요한 모토는 '인민 위주(以人民爲主)'다. '인민 위주'는 시진핑이 2017년 제19차 전국대표대회에서 발표한 정치적 프레임으로, 인민들의 생활 공간과 문화, 예술 각 공간이 유기적으로 연결되는 것에 중점을 둔다. 이는 인민의 움직임을 고려한 공간 기획으로, 상하이 도시 전체의 유기적 인간 중심 계획과도 맞아떨어진다.

2019년 쉬후이빈장 지역에서는 제1회 '상하이도시공간예술제(上海城市空間藝術季, SUSAS)'가 열렸으며, 같은 해에 프랑스와 중국 수교 100주년을 기념하여 '퐁피두센터 × 웨스트번드 미술관 프로젝트(Centre Pompidou × West Bund Museum Project)'가 열렸다. 이 프로젝트는 2024년까지 지속되었고, 쉬후이빈장 지역 컨템퍼러리 미술관이 모두 참여했다. 여기서 드러난 인민 위주의 공간 연결, 인민의 삶과 문화, 예술과 연결 등은 포스트 사회주의 중국이 추구하는 인본주의 미학의 핵심이다.

또한 여기서 정부의 강력한 예술 동원력에 주목할 필요가 있다. 이는 두 번째 시기에 예술의 성격이 자본주의와 개인주의 그리고 사회문제에 관한 담론을 향해 가고 있음을 중국 정부가 파악했다고 볼 수 있다. 다시 말하면 예술이 신프로파간다로 쓰일 가능성이 커졌다는 뜻이다. 하지만 컨템퍼러리 예술은 이러한 국가 장치에서 분리되려는 움직임을 유지하면서, 한편으로는 국가 장치에서 마련한 행사들에 계속해서 적극적으로 참여한다. 왜냐하면 세 번째 시기, 중국의 국가 신자유주의에서 예술은 이미 가장 중요한 경제 구조를 담당하게 되었기 때문이다. 여기서 인민은 예술의 주요한 생산자이자 소비자가 된다. 두 번째 시기 이미지화된 인민들은 이제 세 번째 시기에 접어들어 실제 활동자로서 공간을 점유하게 된다.

남겨진
공장들

상하이 모던에서 살펴보았던 중국 모더니즘의 모습은 서양 제국주의가 현현된 건물 그리고 그 견고한 건물 속에 자리한 소프트한 여성의 모습이나 재즈와 같은 오락의 모습이다. 사실 현대화는 도시 노동자가 탄생하게 된 사건이나 다름 없다. 따라서 상하이를 바라볼 때 실제로는 노동자들의 작업 공간이 남긴 '현대성'을 보는 셈이다.

상하이 모더니즘 초기의 공장들이 새로운 공간 전회를 이룬 방식은 세 가지로 접근해 볼 수 있다.

첫째, 기존에 있는 공장들을 공장 본연의 목적 그대로 생산성이 가동되는 장소로 리뉴얼하는 방법이다. 주로 벤처 기업 상권 위주로 이루어진다.

쑤저우 하천을 중심으로 하는 푸퉈(普陀) 지역 창서우루(長壽

©kimyoungmi

컨템퍼러리 중국 상하이의 도시 재생

남겨진 작은 공장들과 사회주의 시기 인민의 주거지였던 자리가 통째로 리뉴얼된다.

路)에는 'E벤처창의공간(E倉創意園區)'과 '중화1912문화창의벤처(中華1912文化創意産業園)' 등이 생겨났다. 원래 중국에서 문화창의 공간은 벤처 기업의 성격을 띤 공간과 문화 예술 복합 공간의 성격을 모두 아우르는 용어다. 특히 중국은 '금융상업중심구역(中央商務區, CBD)'과 그 주변으로 오락 시설 혹은 서비스 지구인 '중앙활동구역(中央活動區, CAZ)'을 두어 핵심 공간들을 도심에 배치한다. 이러한 공간들은 금융 서비스와 엔터테인먼트 서비스 등 21세기형 문화 복합체로서 서로 연결성을 지니도록 기획되었으므로 이를 이해하는 것이 매우 중요하다. 또한 여기서 말하는 문화창의 공간은 바로 금융상업중심구역 주변 지역인 중심활동구역으로서 의미가 있기 때문에, 이 성격을 알아 두는 것이 좋다. 그리고 상하이 도심에 위치한 공장은 금융 상업 중심으로 새롭게 펼쳐진 포스트 사회주의 중국의 공간 전환과 밀접하게 관련되어 있다. 중앙활동구역에 자리한 벤처 기업과 문화 예술 복합 공간들은 상하이의 미래형 도시 공간 전회에 해당한다.

두 번째, 공장 주변을 정리하여 공장의 성격을 문화나 예술과 연결하는 방법이다.

산업 현장 주변에서 예술과 연결해 공간 전회를 이루는 방법은 주로 황푸강 남서쪽에서 진행됐는데, 이런 경향은 2002년 이후 최근까지 줄곧 이어져 왔다.[19] 여기서 각 공장들은 대규모여서 공장의 외형을 그대로 유지하거나 완전히 새로운 외형이지만 이전부터 있었던 듯한 빈티지 효과를 내고 있다. 표면적으로 이곳이 1차적으로 공업 지역이라는 사실을 보여 주는 인더스트리얼 효과를 누린다.

2010년 이후 쉬후이빈장 지역에 집중적으로 확대된 미술관들은 공장 모습을 그대로 떠안으면서 컨템퍼러리 예술의 영역과 부합하고 있다. 예를 들어 유즈미술관은 상하이 비행기 부속품 제조 공장(上海飛機制造廠)을 수리해서 만들었고, 룽미술관은 석탄을 바로 강으로 실어 나를 수 있는 베이퍄오 부두(北漂碼頭)를 이용해서 만들었다. 또한 파워 스테이션은 난스 발전소(南市發電廠)를 개조해서 만들었다. 중국에서는 모든 땅이 공유화되어 있기 때문에 사실 문화를 선전하는 미술관이나 박물관은 국립이나 시립인 경우가 허다한데, 이 미술관은 모두 민간인이 설립했다는 점이 주목할 만하다. 이것이 사실 베이징 컨템퍼러리 예술과 다른 지점이기도 하다. 상하이의 새로운 컨템퍼러리 예술 뮤지엄들은 민간인이 주도했으므로 국가 정책 전달이나 교육이 목적이 아니라, 어디까지나 경제적 이익을 염두에 둔다. 또한 국가 프로젝트와 상관없이 더 자유로운 컨템퍼러리 작품들을 기획할 수 있다.

눈여겨 볼 수 있는 것은 2016년에 발표된 '황푸양안지구발전

13.5 계획(黃浦江兩岸地區發展"十三五"規劃)'이다. 푸둥신구(浦東新區), 바오산구(寶山區), 양푸구, 훙커우구, 황푸구, 쉬후이구, 민항구(閔行區), 펑셴구(奉賢區) 등 여덟 개 지역을 아우르며 전체 길이가 약 113.4킬로미터에 달하는 어마어마한 공간 계획이다. 이 여덟 개 구는 사실 상하이 시내 중심부와 주변부를 모두 포함하는 것으로, 이 발전 계획 이름을 '하천 개발 벨트(濱江發展帶)'라고 한다. 창장강과 동쪽 해안을 접하고 있는 상하이의 친수성을 강조한 프로젝트라고 말할 수 있다. 상하이 황푸강 주변으로 먼저 공장을 개발한 이후에 컨템퍼러리 예술과 공장이 결합하는 현상은 2020년 이후 줄어들고 있다.

2020년에는 '상하이시 강과 하천을 하나로, 발전 14.5 계획(上海市"一江一河"發展"十四五"規劃)'을 발표하면서 조금 더 상세한 공간 계획이 마련되었다. 이 계획은 '1개 벨트, 2개 핵심, 3개 구역'[20]으로 더욱 구체성을 띤다. 핵심 구역 두 곳을 중심으로 컨템퍼러리 뮤지엄들이 하천에서 다시 도심으로 옮겨 오고, 이미 개발된 컨템퍼러리 예술 뮤지엄들은 공공의 목적 즉 인민을 위한 서비스 공간으로 그 성격이 바뀐다는 사실을 알 수 있다. 가령 첫 번째 핵심 구역인 난징둥루에서 인민광장에 이르는 구역에는 '상하이 컨템퍼러리미술관(上海當代藝術館, MoCA Shanghai)'이 있다. 이곳은 현재 상하이 도시 프로젝트가 전시되는 공간 옆에 함께 있기도 하지만, 사실은 난징둥루가 지니는 상하이 모던 효과도 같이 누리고 있다. 두 번째 핵심 구역인 화이하이중루(淮海中路)에서 신톈디 구역은 기존 프랑스 조계지가 지니는 상하이 모던 효과를 입는 자리에 있다. 예를 들어 우캉루 '퍼거슨레인(Ferguson Lane)'에 있는 '레오갤러리(Leo Gallery)'는 실제로는 2010년대 황푸강 벨트로 개발되어 대규모 공장들을 수리해서 만든 뮤지엄들과는 매우 다른 형태를 띤다. 레오갤러리는 규모가 크지 않지만, 이일대에서 새롭고 세련된 문화를 즐기는 청년층의 문화 공간 안에 자리해 비교적 쉽게 접근할 수 있다는 장점이 있다. 주로 해외에 기반을 둔 작은 갤러리들은 상하이에 새롭게 등장한 젊은 부유층들을 타깃으로 한다. 2020년 이후에 발표된 상하이 정부의 계획대로 예술 공간들을 살펴보자면, 상업 소비 공간의 효과를 누리는 소규모 공간으로 생겨났고 대규모 공간은 역시 서남쪽 황푸강 주변에 위치한다는 사실을 알 수 있다.

2022년 이후 공장을 수리해 새롭게 탄생한 문화 공간으로는 북서쪽 바오산 구역에 생겨난 '중국바오우철강센터(中國寶武鋼鐵會博中心)'가 있다. 이곳은 원래 지난 사회주의 시기 철을 대규모로 제련하던 제철소였다. 지금은 벤처 기업들이 상주하고 인민들이 책을 읽거나 문화 활동을 할 수 있는 공간으로 변모했다. 코로나 이후 상하이에서 공장을 리뉴얼한 공간들은 확실히 창업

©kimyoungmi

상하이에 기반을 두지 않은 갤러리들

퍼기슨레인에 최근 생긴 '레오갤러리'와 같은 비(非)상하이 기반 미술관들은 소수 상위
계층 미술 애호가들을 새로운 감각으로 불러 모은다.

과 문화가 예술에 우선한다는 사실을 보여 준다. 이는 앞서 지적했듯이 컨템퍼러리 예술 공간들이 전체적으로 문화와 분리되는 경향과도 맥을 같이하지만, 더 큰 방향성으로 볼 때 생산의 지점을 분리하는 방식으로 해석된다. 즉 일반 인민들의 창업 현장과 예술 같은 고도의 자본주의 현장을 분리한다는 뜻이다. 결국 예술 생산과 소비를 완전히 자본주의 맥락에 놓음으로써 상하이의 포스트 사회주의적 측면이 그대로 드러나게 된다.

세 번째, 생산 현장 이외의 공간들에서 사회주의 노동자들의 공간 점유 형태를 제시하는 방법이다.

산업 현장이 아닌 노동자들의 거주지 혹은 여유 공간들을 복원하거나 보존하기 위해서는 문화유산을 보존하는 관점으로 접근하여 헤리티지로 정하고 보존 및 수리하는 방법이 있다. 이런 건물들은 '우수역사건축'으로 지정된다. 여기에는 1950년에서 1978년 사이 즉 신중국 시기 지어진 특수한 노동 단위 건물들이 해당한다. 대표적으로 푸퉈구에 '차오양이춘(曹楊一村)'이 있다. 이 건물은 사회주의 노동 단위에 속한 노동자들의 집단 거주지로 1952년에 지어졌다. 사회주의 초기 집단 노동 단위의 삶을 간직한 곳으로서 의미가 있다. 제국의 유산인 헤리티지와 같이 공간을 점유하는 박물관 형태라고 말할 수 있다. 사회주의 공동

생활의 흔적들 역시 문화유산으로서 박제화하는 셈이다.

중국 특색 사회주의에서 또 중요하게 봐야 할 점은 현대화다. 이러한 경향은 자본주의 현대화의 길 가운데 내재된 모순을 극복하고 사람을 중심으로 하는 새로운 중국식 현대화로 가는 가치 방향성을 제시하겠다는 뜻이다. 그리고 그 가치 방향성의 최종 목표는 공동부유임을 천명하고 있다. 여기서 말하는 '공동'은 사유 재산화 될 수 있는 예술과 문화 분야를 모두 공적으로 바꾼다는 뜻이므로, 대규모 공간이 이러한 정부 시책에 반응하고 그러한 공간으로 응답하는 방식은 옳다고 볼 수 있다. 다만 여전히 사유화된 재산인 예술 작품들은 전시 공간에서 분리되고, 새로운 생산 기업인 벤처 기업들은 인민들에게 더 나은 서비스를 제공하기 위해서 그들의 공간 옆에 서비스 문화 공간을 배치한다. 따라서 전체적으로 보자면, 새로운 생산 주체인 벤처 기업의 공간과 사회주의 공동부유에 부합하는 공공 문화의 공간, 사유화된 재산인 예술을 추구하는 소규모 예술 공간으로 분리되었다고 볼 수 있다.

포스트 사회주의 중국에서 재산 사유화를 반대하는 쪽에서 보자면 예술과 문화가 분리되는 것이 그다지 옳은 방향이라고 말할 수는 없다. 하지만 중국에서 2000년 이후 국가 신자유주의를 시행한 이래로 사유 재산 자체가 추구되지 않은 적은 없었다.

따라서 2010년 이후에는 사유 재산으로서 예술과 공공 문화로서 예술이 각기 공간을 분리하고, 따로 관리해 왔다고 볼 수 있다. 일반 인민들의 예술은 문화 형태로 소비되도록 함으로써 오히려 예술을 문화와 강력히 분리하는데, 이는 사회주의 시기 일상에 들어와 있던 프로파간다 예술의 측면과 비교된다. 이렇게 예술과 문화가 분리됨으로써 극도로 발달된 자본주의를 승인하게 되었고, 결국 개인화된 예술 생산과 소비가 소수에 의해 점유되는 결과를 가져왔다.

중국식 현대화라는 개념은 사실 신중국 성립 이후 모든 주석이 주창해 왔던 모토다.[21] 그러나 시진핑에 와서 이 현대화가 중국식으로 해석되는 까닭은 자본주의의 현대화에 한계가 있음을 파악하고 이를 극복하겠다는 뜻을 강조하기 때문이다. 즉 제국주의에서 이루었던 신문명에 따른 현대화가 생태주의 위기와 기후 위기를 가져왔고, 지금의 중국식 현대화에서는 바로 이 문제들을 해결하고 새로운 문명화 즉 현대화를 이루겠다는 뜻이다. 결국 분열과 대립을 지양하고 새롭게 화해하며 나아가는 해결책이 필요한데, 이를 인류 공동운명체라고 풀이하기도 한다.[22] 하지만 포스트 사회주의에서 '포스트'를 나타내는 각 모습은 시진핑이 주창하는 '공동부유'와 함께 가고 있지 않다. 어쩌면 '공동'이라는 말은 모두를 가리는 사회주의식 레토릭일 뿐일지도 모른다. 이미 모든 인민은 개별화되었고, 자본주의에 따른 빈부격차는 어쩔 수 없는 '팩트'다.

노동자들이 살아가는 곳으로서 최근 지어진 상하이 공간들은 이제 이러한 공동부유 앞에서 그저 얼룩덜룩한 자본주의의 상징이 되었다. 그리고 박물관처럼 전시되는 과거 사회주의 공동체로서 아파트먼트, 즉 궁위(公寓)는 미래의 유토피아처럼 과거를 박제화한다.

7

중국적
스타일리시

컨템퍼러리
차이니즈
스타일

상하이의 도시 감성은 중국적으로 해석하자면 '세련'이다. 여기서 분명히 할 점은 상하이의 세련에는 두 가지가 존재한다는 사실이다. 하나는 한자 그대로 풀이한 '잘 닦여 정제된 모양(洗鍊, re-fine)'이고, 또 하나는 영어로 표현하면 '스타일리시(stylish)'다. 일반적으로 세련됐다는 말은 후자를 가리킨다. 하지만 중국에서는 대부분 전자가 강하게 작용한다.

중국에서는 주로 덜 다듬어진 것을 가다듬는다는 뜻으로 '세련'을 쓴다. 이는 중국 인민들만의 표현으로, 아직 '스타일리시'까지는 도달하지 못했다. 중국인이 아닌 사람들이 중국의 '세련'에서 '스타일리시'를 느끼지 못하는 까닭은 중국이 과거를 대변하는 각 요소를 중국적이라고 해석하고 지속해서 가져다 쓰면서, 그것들에 현대적 감각을 부분적으로 주입하려 하기 때문이다. 여기서 말하는 중국적인 모든 것은 과거와 섞여 있다. 이런 감각으로는 여전히 뒤떨어진 느낌을 지울 수 없다. 사실 세련되기 위해서는 조금 더 플러스된 감각이 필요하다.

그렇다고 일반적으로 말하는 스타일리시한, 즉 세련된 감각이 상하이에 없는 것은 아니다. 일반적으로 상하이에서 스타일리시하다고 말할 수 있는 것들은 앞에서 언급했듯이 중국적 요소들이 끼어들어 간 포스트모던 양식보다는 전 지구적으로 볼 수 있는 명품 브랜드나 스타벅스 같은 일반적이고 보편적인 장소에서 느끼게 된다. 하지만 이런 글로벌적 감각들은 여전히 상하이라는 지역 특성을 싣고 있지는 않기 때문에 세련됐다고 하기에는 깔끔하지 않다. 즉 '상하이는 세련됐다'는 문장을 완성하기 위해서는 상하이라는 지역 특성이 있으면서 동시에 과거에서 가져오지 않은 다른 무엇인가가 필요하다.

사실 중국 인민들이 생각하는 세련과 외국인이 알고 있는 세련이라는 두 의미에 차이가 생긴 까닭을 알기 위해서는 중국 역사를 이해할 필요가 있다.

상하이는 사회주의 시기 노동자를 존재하게 했고, 1978년 개혁개방 이후에는 포스트 사회주의 신노동자층을 배출하면서 도시 공간에 관한 의미를 완전하게 바꿨다. 도시의 신노동자층은 1990년대에 벌어지는 다양한 인민 계층의 분화와 더불어 사회주의 시기의 인민이라는 호칭과는 멀어지게 된다. 따라서 여기서 말하는 세련이라는 단어를 이해하기 위해서는 도시에 거주하는 경제적으로 부유한 계층과 권력층을 향한 선망 그리고 2000년 이후 중국이 나아가고자 했던 글로벌리즘과 그에 대항하는 중국적 로컬리즘의 모습들로 점철된 상황들이 얽혀 있다는 점에 먼저 동의해야 한다. 말 그대로 지난 사회주의 시기에 거칠게 표현되었던 중국의 문화와 문명들은 잘 닦아 세계 무대로 내놓아야 할 필요성이 있었다. 그리고 원래 있었지만 버리지 않았던 것들 역시 분명히 '세련'을 거칠 필요가 있었다. 미처 스타일리시한 고급 수준에 이르지 못한, 상하이식 세련미를 느낄 수 있는 공간들은 무언가와 잘 만남으로써, 그 안에서 이질적 요소들이 합해지면서 상하이의 새로운 감성으로 자리 잡고 있다.

또한 '차이니즈'를 빼 버리거나 완전히 반대 방향으로 '차이니즈'만 남게 하는 감성 작전이 나타난다. 가령 전 세계적으로 똑같은 모습을 하고 있는 커피숍이나 해외 유명 브랜드 상점들은 지역적 특성을 전혀 고려하지 않는다. 반면, 셀프 오리엔탈리즘을 유쾌하게 사용하면 의외의 결과를 얻기도 한다. 상하이 컨템퍼러리 감성은 이런 두 가지 상반된 차이니즈 스타일에서 오는 것이 분명하다.

전 지구적·자본주의적 평범한 소비 공간들이 지니는 미학의 바탕에는 전 지구적으로 유행하는 신자유주의의 광범위한 연

상하이 난징시루점 스타벅스(좌)
뉴욕 휘트니뮤지엄 스타벅스(우)
퍼거슨레인의 아라비카 커피(하)

상하이의 스타벅스 안에서는 '중국적인 것'이
전혀 감지되지 않는다.

대가 깔려 있다. 즉 이러한 공간들은 신자유주의 속에서 개인화된 기업 경영으로 비롯된 것이지만, 결국 도시 문화생활과 상당히 밀접하게 연계된다. 국적과 인종, 민족도 불문하는 평화로운 이 공간들은 주로 세계 곳곳에 여러 지점을 두고 있는 프랜차이즈 산업으로 포장된다. 가령 타이완의 '시차(XICHA, Taiwan Cheese Tea)'는 타이완이라는 성격을 완전히 버리고 맛으로 승부하며, '% 아라비카'와 '스타벅스'는 여행객이 많이 오가는 관광지에 골고루 배치된다.

그 모습은 개혁개방 초기 미국을 대표하는 코카콜라나 맥도날드가 들어왔던 현상과는 차이점이 있다. 실제로 글로벌하고 평범한 이 브랜드들은 고급 도시 문화로 자리 잡는다. 코카콜라가 '인민을 위해 복무하라(爲人民服務)'와 같은 사회주의 구호와 병치되어 중국의 개혁개방을 알리던 시기는 지나갔다. 이제는 '이 커피(this coffee)'를 '이곳(this place)'에서 마셔야만 한다. 평범하고 보편적 성격의 사물도 상하이라는 도시성과 딱 붙어서 상하이에서 누릴 수 있는 특정 경험을 강조하게 된다. 바로 자크 랑시에르가 말한 새로운 감성 분할이다.[1] 상하이의 특정 감성 공간에서 사람들의 활동과 이동을 분리하는 시스템이 바로 이러한 도시 경험과 연결되어 구축되기 때문이다.

또한 이는 같은 감성을 공유하는 특정인들의 '커뮤니케이션

공감대 형성(communication links)'² 을 가져온다. 이 문제는 역사지리적 유물론에서 데이비드 하비가 강조하는 '사회적 관계(social relations)'³와도 연결된다. 즉 사회적 관계에서 배제될 수 있는 특정 계급들은 이렇게 평범한 공간에서도 실제로 제외된다. 다시 말해서 상하이에 사는 중국 사람들이라도 이곳을 전혀 경험하지 못하는 사람들이 존재하게 된다. 오히려 글로벌 브랜드를 인지하고 있는 상하이 바깥의 사람들과 다른 나라의 도시성을 경험한 사람들이 이러한 특정 공간의 감성에 관해 유대를 맺을 수 있다. 이는 중국이라는 공간에서 동일한 삶을 산다고 해도, 일반적 도시 경험이 누적되지 않고서는 절대로 이 평범한 공간 생산에 참여할 수 없음을 의미한다. 따라서 글로벌 브랜드가 있는 이 공간들은 흔히 볼 수 있는 평범한 소비 장소지만, 사실은 도시 경험이라는 새로운 시스템을 운용하는 자만이 점유할 수 있는 아주 특정한 장소성을 띠게 된다. 상하이의 컨템퍼러리성은 여기서 가장 보편적으로 발견된다.

한편, 지금 중국의 도시 미학을 가장 컨템퍼러리하게 만드는 것은 뜻밖에도 중국의 시골 감성이다. 사실 중국 사회주의 노선은 상하이 도시에서 시작되었지만, 국민당 정부와 권력 다툼에서 밀려난 이후 도시에 자리 잡지 못했다. 그 결과 중국의 사회주의는 대부분 농촌 감성과 결합했다. 신중국 이후로는 다시 상하이 도시로 옮겨 오게 되지만, 중국 사회주의 노선 내용의 상당 부분은 내륙의 농촌에서 채워졌다.

물론 이는 마오쩌둥이 1942년에 발표한 '옌안문예강화(延安文藝講話)'에서 더욱 뚜렷해진다. 중국 사회주의에서 '대중'을 '노동자, 농민, 병사(勞, 農, 兵)'라고 지시한 가운데, 어떻게 도시 지식인들이 농촌 인민들 속으로 들어가서 사회주의 문예를 만들어 나갈 것인가가 분명히 드러난다. 옌안문예강화는 신중국에서도 가장 중요한 문예 방침이고 또한 마오쩌둥 사회주의 미학의 표준이 되었기 때문에 포스트 사회주의 미학에서는 이들을 중요한 유산으로 여길 수밖에 없다.

옌안문예강화에서 내놓은 명쾌한 답안은 사회주의 미학의 기준점이 된다. 그중 하나는 도시의 프티부르주아들과 농촌의 농민들 사이에 존재하는 괴리감을 없애고 서로 통합하기 위해 실시했던 문예 대중화 작업들에서 그 힌트를 얻을 수 있다. 마오쩌둥은 이 두 계층 사이에 서로 다른 그들만의 언어가 존재한다고 말한다. 이는 그가 옌안문예강화에서 "문예 창작자의 대상은 노동자, 농민, 병사와 간부지만, 창작자들이 대상자들에게 익숙한 것들을 이해하지 못하는 문제가 발생한다. 이를 해결하기 위해서는 그들을 이해하고 익숙해져야 한다(既然文艺工作的对象是工农兵及其干部, 就发生一个了解他们熟悉他们的问题. 而为要了解他们, 熟悉他

们)"라고 말한 것에서 분명히 드러난다. 바로 농촌의 문화를 말하는 것으로, 농민들은 글자를 모르기 때문에 그들은 음성 형태의 전수(노래)나 몸짓 형태의 전파(연극)와 같은 그들만의 언어를 보유하고 있었다. 이 언어는 중국의 전통적 지식인이나 현대의 도시 지식인 모두에게 생소했으며, 앞서 중국적인 것으로 지적되었던 지식인들 곧 권력자들의 이데올로기보다 더 신선한 방식이었다. 문예 형식의 초점을 농촌의 언어에 맞출 때 중국만의 사회주의 미학의 보편성이 나오며, 여기에서 포스트 사회주의 중국의 컨템퍼러리 공간 미학을 더 재미있게 풀이할 수 있는 가능성을 볼 수 있다.

탕샤오빙(唐小兵)은 중국의 사회주의 시기 농촌 언어 문제를 새로운 문화 생산 양식으로 받아들이는데, 여기서 독특하게도 농민과 민족이 만나게 된다. 소위 말하는 중국적인 것의 기조를 이루는 민족주의는 바로 사회주의 중국이 선택한 새로운 문화 생산 양식이라고 말할 수 있다.[4] 사실 사회주의자들이 가장 중시했던 점은 이론과 실천을 통일하는 것이었다. 그리고 이 과정에서 가장 강조했던 것이 바로 문화와 미학이었다.[5] 현대성(Modernity)을 추구할 때 언제나 중국에서 중요시했던 것은 문화의 힘이었으며, 이는 곧 새로운 미학 관점과 연관성이 있음을 의미했다. 즉 중국 미학이 추구하는 현대성은 새로운 사회 구성원

kimyoungmi

중국 농촌의 촌스러움이 도시에서 컨템퍼러리적으로 해석된 경우

컨템퍼러리적 감성과 중국적인 것을 동시에 느낄 수 있다.

인 인민들을 사회 변화의 동력으로 여기고, 그들을 대상으로 하는 이론과 실천의 장 속에 있다고 말할 수 있다. 이 인민들이 곧 도시의 프롤레타리아나 부르주아가 아닌 농민이었다는 점은 상하이 도시 미학을 이해할 때 적극적으로 고려해야 할 사항이다. 실제로 마오쩌둥은 지식인들에게 '군중 속으로 들어갈 것(必须到群众中去)'을 요구했고, 그들은 '자기 개조'를 통해서 이 작업들을 수행했다. 도시의 지식인들은 인민과 하나가 되기 위해 지속적으로 농민의 공간인 농촌으로 투입되어야만 했다. 중국 사회주의 미학에서는 언제나 농촌이 중심이었다는 점을 기억해야만 한다. 마오쩌둥은 이러한 방식이 대중에게 가장 익숙하다고 주장했다. 사회주의 중국에서는 가장 인민적이며 가장 친근한 표현 방식이므로 이러한 생산 양식이 지속적으로 공고하게 진행된다.

하지만 중국 사회주의 인민 대부분이 시골 농민들로 구성되어 있다는 점은 다시 말하면, 농민들의 문화가 현재 컨템퍼러리 중국 미학을 이루는 근본이 될 가능성이 높다는 것을 의미하기도 한다. 따라서 포스트 사회주의 중국의 대도시, 상하이에서 나타는 컨템퍼러리 미학을 분석할 때는 도시성 안에 파고든 농촌 감성을 반드시 살펴봐야 한다. 이는 도시의 지식인들이 농촌 문화를 접하고 그들의 문화를 그대로 도시로 가져왔기 때문이기도 하다. 하지만 여기에도 조심해야 할 점은 있다. 중국 민족주의가

난징시루 만둣국집

중국 시골 분위기와 한자, 배달 오토바이로 연출된 상하이 도심의 이런 공간들에서는
중국 컨템퍼러리 공간 미학에서 눈여겨 볼 만한 중국스러움이 나타난다.

선택한 중국적인 것은 결국 중국의 과거라는 시간성을 긍정적으로 바라봄을 의미하기 때문이다. 실제로 지금 포스트 사회주의 중국의 컨템퍼러리 미학 중 중국적인 것으로 분류되는 것은 모두 중국 고대 문화를 간직하고 있는 농촌 문화를 중국 사회주의로 시각화하는 장면에 적극적으로 투입된다.

이러한 미학은 말 그대로 촌(村)스럽다.

아이러니하게도 중국 농촌의 촌스러운 모습은 도시 한편에서 '중국적인 것'으로 각광받는다. 때로는 낡은 듯한 느낌의 디테일이 가미되기도 하지만, 최근에는 전체 공간을 이동하는 방법이 유행한다. 시골의 어느 한 부분을 도시로 이동하는 방법으로, 새로운 공간 전회라고 할 수 있다. 한 장소를 그대로 삽으로 떠 온 듯한 이 공간들은 도시 한가운데에서 새로운 중국적인 것으로서 이름표를 달게 된다.

차이니즈 레트로 모던과
차이나 시뮬라시옹

이질적인 것들이 함께 나타나는 모든 상하이 공간에는 교묘하게 상하이 모던이 끼어 들어간다. 바로 과거와 미래를 합친 시간성을 드러내는 공간들로, 전 세계적으로 나타나는 보편적 문화 현상을 중국적인 것으로 색칠할 때 이곳에 언제나 상하이 모던을 함께 욱여넣기 때문에 매우 폭력적이라고 말할 수 있다. 이러한 감성은 얼핏 세련된 감성들로 읽힌다. 사실 이는 설명할 수 없는 섬뜩함이 깃든 '언캐니'한 감성인데, 왜냐하면 미래에 관한 시뮬라시옹을 과거 건물들 가운데 두기 때문이다. 즉 너무 어울리지 않는 것들이 한곳에 있어서 끔찍해 보인다는 뜻이다. 그러나 특이하게도 상하이에서는 언캐니한 감성이 세련된 것으로 주입된다. 무엇이 되었든 '과거와 미래', '중국과 서양', '한족과 소수민족', '사회주의와 자본주의' 등 서로 다른 것들이 한 공간 안에 포진되어 있으며, 이렇게 각기 다른 두 가지가 함께 나타나는 지점을 '세련'이라는 레토릭으로 포장하는 매우 특이한 미학관을 요구한다. 그리고 이들은 모두 상하이 모던으로 수렴된다.

　실제로 이런 양가적 성격을 지닌 채 상하이 모던이라는 모호한 이름표를 달고 있는 공간들은 1978년 개혁개방 이후 중국의 모더니즘과 포스트모더니즘에 관한 시간 강박증에서 출발했다. 이는 마오쩌둥의 사회주의를 개혁의 대상으로 볼 때 찾게 된 해결책이었다. 마오쩌둥이 상하이를 점령하기 이전 상태로 돌아가 보면, 상하이는 서양의 식민지 산업이 횡행하고 중화민국 정부가 한족 위주로 새로운 권력의 장을 펼치던 곳이다. 즉 신중국 이전의 상하이는 철저하게 자본주의의 공간이었다. 물론 사회주의 시기에 지워진 자본주의 공간의 성격은 포스트 사회주의에 접어들면서 상하이라는 공간에 진짜 있었던 자본주의를 발굴해 내는 일로 이어진다. 다시 말해서 자본주의가 고도로 발달함으로써 상하이는 사회주의의 공간으로서 조명받게 된다. 즉 중국의 자본주의는 지금의 사회주의가 탄생된 상하이에 뿌리를 둔다. 중국 공산당은 이곳 상하이에서 창당되었다. 따라서 상하이 도시가 품고 있는 두 가지 이질적 문화와 가치관은 주로 포스트모던한 감각들과 맞아떨어진다. 따라서 상하이 모던은 상하이 컨템퍼러리 미학을 형성하는 중요한 시각적 장치라고 말할 수 있다.

과거와 미래가 결합된 '쿨 독스'

상하이의 과거를 상징하는 스쿠먼 형식 건물을 네온 불빛이 비추면서,
이 둘은 어울리지 않는 미래와 과거를 붙이고 있다.

상하이 난징둥루를 중심으로 한 동쪽 번드 황푸강 일대 끝에서는 이러한 차이니즈 시뮬라시옹이 만들어지고 있다. 사실 난징둥루에 있는 서양 제국주의 건물들에서 나타나는 상하이 모던에는 두 종류가 있다. 하나는 진짜 상하이 모던으로서 상하이가 조계지였던 시절에 지어진 건물을 그대로 이용한 공간이고, 다른 하나는 1990년 이후 다시 조성된 가짜 상하이 모던으로서 시뮬라크르화한 '이미지 공간'이다. 전자는 이미 헤리티지로서 과거성을 인정받았다. 문제는 2019년 이후 동쪽 번드 헤리티지 끝에 생겨나 과거와 미래가 함께 붙어 있게 만들어 언캐니한 감정을 일으키는 건물들과 파크들이다.

따라서 상하이 모던은 두 가지 미학으로 나누어야 한다. 하나는 헤리티지와 딱 붙어서 상하이의 과거를 증명하는 '차이니즈 레트로 모던', 다른 하나는 과거와 미래를 한곳에 붙여서 어울리지 않게 배치하는 '차이나 시뮬라시옹'이다. 전자는 과거의 감성을 이용하면서 상상하는 1930년대의 상하이를 인정한다. 후자는 상상할 수 있는 상하이의 미래 이미지를 물질적으로 미리 현재에 안착하게 만든다. 이 두 가지 방식은 모두 과거 제국주의를 모방하지만 어디까지나 편면적 시각만 제공함으로써 결코 과거를 향하지는 않는다.

재미있는 사실은 상하이 모던이 던져 주는 과거형 차이니즈

©kimyoungmi

허핑호텔 재즈바

허핑호텔 재즈바의 연주는 연출된 일회성 이미지다.
장소 소비용 퍼포먼스에 불과하므로 수준 높은 재즈 연주를 기대할 수 없다.

레트로 모던 방식과 미래형 차이나 시뮬라시옹이 모두 진짜 상하이 모던 시기에 지어져 현재까지 남아 있는 건물보다는 그것을 흉내 낸 이미지 공간에서 이루어진다는 점이다. 이런 관계가 성립될 수 있는 까닭은 이 두 공간이 함께 붙어 있기 때문이다. 여기서 진짜 상하이 구식 건물들은 미끼로 사용된다. 그리고 그 미끼들 틈 사이사이에 가장 소비적이고 현재적인 장소들이 끼어 있다. 바로 이곳이 상하이 모던과 상하이 모던 이미지가 만나는 공간이다.

차이니즈 레트로 모던을 대표하는 곳으로 허핑호텔 재즈바가 있다. 재즈라고 하는 모던을 대변하는 서양 음악은 현재 이 공간에서 연주됨으로써 그 시간들을 지속해서 재연하고 유지한다. 퍼포먼스 형식으로 재현되는 20세기 초 상하이의 분위기는 실제로는 이곳의 모던함을 증명하지는 않는다. 이는 그럼직한 시각적 장치를 두고, 기꺼이 그에 동의하기 때문에 가능하다. 그리고 재즈는 허핑호텔과 같은 낡은 건물에서 상하이 모던이 화석처럼 존재할 수 있게 만든다. 여기에서 중요한 사실은 이곳에서 보여 주는 일회성 퍼포먼스는 결코 최상의 음악이나 최상의 서비스가 아니라는 점이다. 일회적으로 방문하는 관객들을 위한 보여 주기 혹은 흉내 내기 식 연주이기 때문에, 결코 상하이 모던을 실제로 경험할 수는 없다. 다만 상하이 모던 효과는 생산되는데, 말 그대로 '효과'에 지나지 않는다. 차이니즈 레트로 모던 감성은 바로 이러한 상하이의 과거 이미지를 서로 암묵적으로 소비하는 행위 속에서 발생한다.

반면 상하이 시뮬라시옹을 소비하는 공간은 전 계층 누구나 소비할 수 있으며 동시에 상하이가 아닌 공간에 사는 사람들에게 훨씬 더 개방된 느낌을 준다. 실제로 이곳에서 이루어지는 소비는 상하이에 관한 경험을 새롭게 만든다. 왜냐하면 이곳은 상하이의 오래된 건물들을 일부 인용하면서 완전히 새롭게 공간 구조를 바꾼 감성 제조소들이기 때문이다. 특히 이 공간들은 프레드릭 제임슨(Fredric Jameson)이 말하는 '깊이 없음(depthlessness)'을 드러낸다. 대부분 패스티시(Pastiche)[6]의 극단적 예를 만들어내는 이 공간들이 지니는 미학이다. 이는 그가 지적하듯이 '공적 역사'와 새로 형성된 '사적 취향' 사이에서 역사의식을 약화한다. 아이러니하게도 이런 점이 바로 상하이 감성 제조소의 가장 큰 특징이다. 그리고 이러한 감성 제조소에서 느끼는 감성들은 상하이에 관한 가짜 이미지를 만들어 낸다.

대표적 장소로 신텐디를 들 수 있다. 신텐디는 1990년대 상하이가 중국의 경제 중심지이자 세계적 도시로 자리매김하기 위해서, 중국의 정치·사회·문화적 변화와 함께 탄생했다.[7] 소위 말하는 '신텐디 프로젝트'는 공간적 변화를 통해 중국이 새로운 시간 속에 있음을 증명했다고 볼 수 있다. 신톈디라는 이미지가 만들어 내는 시뮬라크르는 두 가지 측면에서 중국의 과거, 현재, 미래를 얽어 놓아 시간을 잊게 만드는 역할을 한다.

과거를 미래로 제시하는 차이니즈 레트로 모던 감성은 서양 제국주의 식민 통치의 치욕적 장소였던 상하이를 다르게 기억하는 방식들로 조작된다. 차이니즈 레트로 모던 감각은 흔히 '상하이 노스탤지어'라는 패스티시 경향으로 드러난다. 모든 패스티시가 그러하듯 한편으로는 가짜 실재를 만들어 내어 그럼직한 외관과 이미지를 갖추는가 하면 또 한편으로는 가짜이기 때문에 나타나는 어색함과 어울리지 않음이 있다. 여기에는 과거를 대변하는 상하이 모던 시각화와 미래를 암시하는 차이나 시뮬라시옹이 포함되기 때문에 시간적 착각을 일으키기 쉽다. 중산난루(中山南路)에 있는 '쿨 독스(Cool Docks)'는 원래 있던 부둣가(老碼頭)를 2019년에 소비문화 공간으로 바꾼 곳이다. 원래 이곳은 20세기 초부터 부둣가 하역 공장이었는데, 지금은 기존 건물 색은 유지하면서 각 건물의 기능은 모두 바꿨다. 한쪽으로는 독일 정통 빵집이 있는가 하면, 이탈리아 에스프레소 같은 서양색 짙은 컨템퍼러리 소비 공간이 있다. 또한 컨템퍼러리 예술 전시 공간과 번호가 붙은 예술가들의 레지던시 작업실도 포진하고 있다.

이로써 원래 상하이 부두가 지니고 있던 과거의 모던함과 현

©kimyoungmi

시뮬라크르화된 가짜 헤리티지 '쿨 독스'

'쿨 독스'는 부둣가의 선착장과 저장고를 그대로 유지한 채 해외 유명 부티크과 컨템퍼러리
아티스트의 레지던시를 함께 전시한다.

재 도시다운 세련됨 그리고 미래적 방식이 편안하게 구성된다. 이런 방식이 바로 미래적 시뮬라시옹이라고 할 수 있는 부분이다. 왜냐하면 이렇게 구성된 공간이 앞으로 상하이의 공간 전회에서 중요한 모델로 작용할 것이기 때문이다. 이런 공간들에서는 상하이의 치욕적 장소가 낭만적 코드로 탈바꿈하면서 생겨나는 소비 형태나 19세기 말 유럽 감성을 불러일으키는 장소, 건축물 그리고 그 공간에서 이루어지는 문화(복식, 음악, 음식 등) 속에서 추구하는 미학들이 동시에 재생된다. 한편으로는 상하이의 과거를 재현하는 듯하면서 한편으로는 미래적 감각을 제시해서 완전히 새로운 컨템퍼러리 감성을 불러일으킨다. 물론 이런 상하이의 새로운 감성 공간들은 과거와 미래가 통째로 작동하는 독특한 일체형 시간 개념 속에서 구성된다.

차이나 시뮬라시옹이 상하이의 미래 이미지를 먼저 현실화하고 있다는 점은 다음과 같은 사실들을 의미한다.

첫째, 외부의 충격, 즉 서양 제국주의 세력이 만들어 낸 상하이 공간의 과거를 완전히 탈바꿈하게 만든다. 이는 1920~1930년대 상하이의 준식민 상황을 일면 긍정하는 듯하다. 여기에서 나타나는 올드 상하이 이미지는 지금의 세계적 브랜드들이 이곳에 자리함으로써 현재의 문화들을 소비할 때 과거를 잠시 인용하도록 방조한다. 특히 옛 리롱 구조를 흉내 내는 다닥다닥 붙은 상점들의 모습은 과거 열악했던 인민의 삶을 훌륭하게 현대적으로 풀어낸다. 이는 좋든 나쁘든 과거에 외부의 영향이 있었음을 증명하는 현재성을 띤다.

둘째, 상하이에 관한 과거 중국적 기호들을 인용하면서 상하이를 현재의 글로벌 대도시로 구축한다. 이곳은 과거와 현재의 역사가 중첩하기도 하면서 사실은 미래지향적 시간성을 녹인 창조적 공간이며, 르페브르의 추상 공간이 된다.⁸ 왜냐하면 이곳이 역사적 공간의 뒤를 이어 바로 자본주의 기능을 충실히 해내기 때문이다. 특히 중국 상하이에서 이 공간들은 권력의 공간이 되며, 진짜 주체인 국가 권력은 은밀하게 감춰진다.

이보다 더 영리하게 이미지를 소비하는 공간들도 있다. 상하이 모던을 현대적으로 재해석해서 이미지가 실제처럼 느껴지도록 만드는 공간들로, '장 조르주(Jean Georges Shanghai)'와 같은 미슐랭 스타 레스토랑(Restaurants of the MICHELIN Guide)을 그 예로 들 수 있다.

이곳은 허핑호텔 옆에 있어 차이니즈 레트로 모던 효과를 얻을 수 있다. 사실 장 조르주는 허핑호텔이 지니는 20세기 초라는 시간과는 아무런 관련이 없다. 또한 난징루에는 '더 프레스(The Press)'라는 유명한 커피숍이 있는데, 허핑호텔에서 살짝 떨어져 있다. 이곳은 허핑호텔과 연이어 있는 상하이 모던이 남긴 진짜 건물들 사이에 위치하여, 상하이의 옛 거리 분위기를 그대로 이용한다. 여기서 1990년 후반 중국 정부의 '문물보호(文物保護)' 정책 아래 정의된 특별한 사회 현상에 주목할 필요가 있다. 이는 중국의 준식민 시기 세워졌던 서양식 건물을 중국의 역사 안으로 편입하는 것으로, 중국이 겪었던 역사적 사실의 중요성보다 그 외관의 특이함만을 가지고 역사적으로 편취하는 방법이다.9 포스트 사회주의 중국에서 컨템퍼러리 공간 미학은 이렇게 해외의 외부 자본이 들어갈 때, 중국 정부가 취한 차이니즈 레트로 모던과 차이니즈 시뮬라시옹 사이에 위치하여 교묘하게 상하이 도시 감각들을 세련되게 만든다.

실제로 이러한 현상은 전 세계적 네트워크로 이미지를 전파하는 현재의 커뮤니케이션 시스템에 매우 부합한다. 20세기 초반 상하이 모습을 차이니즈 레트로 모던으로 꾸민 것들과 21세기형 차이나 시뮬라시옹으로 구축된 건물들 사이에 있는 글로벌 레스토랑들은 이곳을 다녀간 소비자들의 SNS에 바로 노출되고 빠르게 퍼진다. 자본주의의 최고 자리에서 이러한 공간들은 역사적 효과와 신기술 그리고 가상 공간에서 연결된 인맥 등이 총동원되는 그야말로 시공간이 압축(Time-space compression)된 대표 공간들이 된다.

물론 이러한 생산 방식은 상하이만의 문제는 아니다. 사실 허구적 역사 효과와 SNS를 통한 가상의 상하이 이미지 만들기와 같은 현상들은 지금 전 지구적으로 횡행한다. 그리고 상하이에는 공간을 생산하는 또 다른 전술이 있다. 상층부에서 조직되는 전략(Strategies)과 달리 하층부에서 일상을 살아가는 사람들이 산책하면서 만들어 내는 전술(Tactics)[10]은 상하이 레트로 모던과 상하이 시뮬라시옹 사이에 있다. 사실 미셸 드 세르토가 언급한 전술은 전략을 전복하는 저항의 수단으로 사용된다. 하지만 이곳 상하이에서 이러한 일반 개개인들의 문화적 실천을 의미하는 전술은 또 다른 방향으로 국가에 도전장을 내민다. 이는 상하이를 코즈모폴리턴으로 만들려고 하는 거대한 부흥 작전 속에서 탐구될 여지가 분명히 있으며, 이제까지 보아 온 국가적 중국몽의 계획 밖에서 예외성을 가져올 수 있는 부분이다. 왜냐하면 이곳 가상 공간에 있는 상하이 이미지는 결국 그 공간을 이용하는 SNS 사용자들에게 달려 있기 때문이다. 따라서 이 가상 공간은 실제 공간을 유물론적으로 해석하여 중국몽의 '몽(꿈)'이 현실에 도달하기 위한 또 다른 허상에 불과하다.

과거의 상하이 모던을 밀어내고 새로운 역사를 소비하는 공간에서 나타나는 세련은 바로 글로벌적 감각이다. 이러한 세련은 스타일리시한 고급스러움을 표면에 갖추고 있다. 글로벌적 세련이 더 진보적이라기보다는 조금 더 스타일리시하다는 뜻이

와이탄의 새로운 소비 공간인 미슐랭 스타 레스토랑

'장 조르주'는 컨템퍼러리적이지만 이곳에서 바라보는 와이탄은
여전히 올드 상하이를 보여 준다.

다. 하지만 여전히 주목해야 할 점은 이런 세련미는 국가 차원이 아니라 개인이 상하이 모던 효과를 노리고 영리하게 상업적 전략을 짜서 갖춘 것이라는 사실이다. 왜냐하면 여기에서는 어떤 역사성도 찾기 힘들기 때문이다. 얄팍한 상술에 불과한 이런 세련미는 돈을 지불하고 나면 한순간에 날아가 버린다. 그만큼 허무한 세련미이기도 하다.

　리어우판(李歐梵)이 상하이 모던을 이야기했던 1999년 상하이는, 그 즈음이었던 1997년 홍콩 반환과도 깊은 관련이 있었다. 이때는 중국적 코즈모폴리턴 가치들이 부상하고, 미처 챙기지 못했던 중국적 모더니즘이 새로 조명되었다. 또한 그에 부합하는 소비 상품들은 그 이후에 상하이 곳곳에서 공간적으로 그리고 사물적으로 모두 부응했다. 하지만 이런 사물적 부응은 예쁜 쓰레기처럼 화려하지만 실용적이지는 않았다. 호기심과 바라봄의 대상으로만 작용했을 뿐, 정작 중국적 모더니즘을 본격적으로 설명해 줄 수는 없었다. 쓸데없이 내용 없는 이미지만 만들어 냈는데, 이러한 쓸데없는 일들은 상하이 모던을 가볍게 다루게 만들었다. 그리고 오히려 이런 내용 없는 껍데기 이미지 전략이 결국 진짜 상하이 모던이 어떤 것인지 알 수 없게 만들었다. 그래서 상하이 모던은 2000년 이후 새롭게 태어날 필요가 있었다. 그것이 곧 차이니즈 레트로 모던과 차이나 시뮬라시옹이다.

따라서 1990년대 상하이 모던으로 불렸던 상하이 와이탄과 기타 조계지들이 지닌 상하이의 과거 이미지들은 포스트 사회주의 중국이 선택한 미래를 제시하는 사회주의 방향 속에서 재해석된 것들이다.

사실 동쪽 번드에서 나타나는 차이니즈 레트로 모던 감각은 온전히 과거에 속하는 미감은 아니다. 그것은 앞서 말했듯 미래를 품고 있는 일체화된 독특한 중국의 시간 개념에서 생겨난 새로움에 가깝다. 하지만 그 새로움도 진짜 새로움이라기보다는 과거에 대한 낯섦에 가깝다. 결국 차이나 시뮬라시옹은 차이니즈 레트로 모던의 또 다른 이름이다. 그리고 이 둘 사이에는 상하이를 소비하게 만드는 영리한 자본주의가 있을 뿐이다. 따라서 차이니즈 레트로 모던과 차이나 시뮬라시옹 그리고 이 둘 사이에 있는 해외 자본은 차이니즈 스타일리시가 되어 포스트 사회주의 중국의 상하이 컨템퍼러리 공간 미학을 안착하도록 만든다.

와이탄의 역사 효과를 안고 운영되는 '더 프레스'

이곳에서는 중국 내륙에서 생산된 컨템퍼러리 중국식 커피를 판매함으로써,
새로운 상하이 컨템퍼러리 커피 문화를 만들어 가고 있다.

가짜
노스탤지어

포스트 사회주의에 접어든 상하이에도 여전히 사회주의 경험을 소비하는 공간이 있다. 이 공간은 특별히 사회주의 시기에 운영되던 생산 지대를 소비 공간으로 바꾸면서 새로운 감성을 가져온다. 대부분 이런 공간들은 사회주의 시기 조성된 공장 지구에서부터 출발한다. 이 공간들의 특징은 문화창의산업 단지들과 그 밖의 파생 공간들, 예를 들어 문화와 예술이 분리되는 공간 혹은 빈티지 감성을 이용한 상업적 공간들의 확장과 연계되는 데 있다. 하지만 그 전략은 약간 다르다. 1990년대 중반 갑자기 사회주의 젠트리피케이션을 일으켰던 방식 그대로 기존 산업 지구를 탈산업 지구로 만든 전략을 취하지만 전술의 방향은 다르기 때문이다.

초기 사회주의 젠트리피케이션 흐름에 있었던 문화창의산업 단지에서는 예술이 중요한 역할을 했는데, 바로 공간을 소프트

©kimyoungmi

갬성 공간, 쥐루루 '로스트' 빵집

이 공간에는 '감성'과는 다른 '갬성'이 있다. 사회주의 시기 인민의 공간이었던 기억을
완전히 지우고 컨템퍼러리한 공간으로 바뀌었다.

한 방식으로 바꾸는 방법이었다. 2015년 이후 상하이시 정부에서 취한 방법은 사회주의 시기의 공장을 그대로 남겨 두는 인더스트리얼 인테리어로 드러난다. 이러한 공간 전회 방식은 사회주의에 관한 좋은 기억들만 공간에 부활하게 만들어 지난 사회주의에 관한 가짜 노스탤지어를 생산한다.

사회주의 시기 푸민루(富民路)에서 쥐루루(巨鹿路)로 이어지는 지역은 인민들의 삶의 공간이자 일터였는데, 최근에 이 지역이 완전히 새로운 복합 소비 공간으로 되살아나고 있다. 여기에 있는 '로스트(Lost)' 빵집은 서울의 성수동 '갬성'이 나오고, 그 옆에 포진한 언더 브랜드 옷들은 엄청난 고가에 매장은 아주 작지만 세련된 인테리어로 이곳을 부티 나게 만든다. 이런 방식은 예술 작품이 없어도 매우 세련된 방식으로 사회주의식 공장들이 사용될 수 있음을 보여 준다. 이 소비 공간들에는 사회주의 시기의 집단 거주, 기계식 공장 등 약 5% 정도만 남긴 산업 유산들을 인테리어로서 흡수한 가짜 사회주의 경험들만 존재한다.

2015년 이후의 감성 공간들은 이렇게 가짜 노스탤지어로 소비 감성을 자극함으로써 공간 전회를 이루는데, 이러한 방식의 특징은 지리적 이점을 살린다는 데 있다. 푸민루와 쥐루루는 상하이 도심의 징안과 몇 블럭 떨어지지 않은 곳에 있기 때문에, 징안의 고급스러운 소비 공간들과 함께 연대하여 프라이빗하면서 특정 소비 감성을 지닌 계층들에게 최적화된 소비 공간을 제공한다. 상하이의 상층 소비 구역이 사회주의 시기 인민의 공간이었던 주변 공간으로 자연스럽게 이어지도록 형성되고 있다는 점에서 가짜 노스탤지어 감성은 충분히 재미있게 소화될 수 있다.

또 다른 곳으로 쉬후이 지역에 건설된 사회주의 시기 주거 집단에 생긴 수많은 감성 공간을 예로 들 수 있다. 러산루(樂山路)에 있는 '후이구촹예(慧谷創業)' 산업 단지는 두 가지 이점이 있다. 일단 이곳은 프랑스 조계지의 중심 도로인 화이하이루 끝에 있으므로 프랑스 조계지에서 느껴지는 세련된 감성을 이어 나갈 수 있다. 또한 여기에는 1955년에서 1980년대까지 지속적으로 지어진 사회주의 인민들을 위한 대규모 신주거 공간이 대거 포진해 있다. '스촨 새마을(石泉新村)', '톄루 새마을(鐵路新村)' 등은 사회주의 시기 상하이 시민들이 살던 낮은 구조의 아파트먼트 양식을 이용한다. 이곳에서 추구하는 가짜 노스탤지어는 그렇게 오래된 과거(상하이 모던)도 아니면서 동시에 사회주의 방식을 고집하지 않기 때문에 편안하게 소비할 수 있다는 장점이 있다.

사실상 상하이 도시 전체는 식민지와 사회주의 시기의 시간들을 이와 같은 방식으로 최고 상층 소비 공간들과 자연스럽게 연결함으로써 공간 전회를 이룬다. 또한 이곳에 남아 있는 사회주의 시기를 상징하는 공장이나 인민들의 거주 공간들은 빈티지

쉬후이 러산루 후이구청에 산업 단지

프랑스 조계지의 감성과 사회주의 시기 지어진 인민들의
아파트먼트 감성을 모두 수용하여 가짜 노스탤지어를 훌륭히 만들어 낸다.

와 만나서 그 자체로 상하이만의 새로운 세련미를 느끼게 해 준다. 사회주의 이미지는 이런 식으로 신자유주의 소비 공간 옆에 붙어 더러운 모습을 닦고 새롭게 태어난다.

또한 새로 조성된 역사 지구들 틈새에는 매우 포스트모던한 건물들이 있다. 톈쯔팡 지역 옆에 있는 '쯔우(ZiWU 誌屋·Modern eye 藝影書閣)' 서점은 완전히 새로운 형식의 건물이면서 또한 서점의 기존 소비 패턴과 이용 방식을 완전히 바꿔 놓았다. 건물은 사회주의 시기 공장이었지만, 파벽을 붙여 인테리어를 함으로써 최신 건물 유행을 반영한다. 또한 건물 내부 공간은 1, 2층을 모두 허물어 층고가 높고 개방적이며, 전체 인테리어는 세련되게 꾸며 놓았다.

물론 서점이므로 인테리어의 주요 주제는 책이다. 그러나 더 중요한 것은 이 건물 내부 중앙에 일본 작가 고헤이 나와(Kohei Nawa, 名和晃平)의 〈크리스털 사슴(PixCell-Maral Deer)〉이 무지막지하게 놓여 있다는 점이다. 사실 이 경관만으로도 책은 다 본 거나 마찬가지다. 이 커다란 크리스털 사슴은 책보다 더 시선을 끌어, 일단 빨리 사진을 찍고 싶어 안달이 나게 만든다. "여기, 나 왔어" 하고 알려야 하고, "여기가 진정 상하이인가" 이런 문구를 적게 된다. 이는 "나 책 보러(사러) 온 게 아니고, (사회주의 중국 같지 않은) 상하이 핫플에 왔어"라는 말이나 다름없다. 상하이에서 상하이가 아닌 감성을 느끼는 이 모순은 가짜 노스탤지어를 자아내는 컨템퍼러리 공간에서 느낄 수 있는 감성이다.

그리고 이러한 경관은 커피를 부르는데, 책들이 꽂혀 있는 곳에서 책을 보기보다는 커피를 마시고 싶은 감성을 불러일으키기 때문이다. 역시 책은 뒷전이다. 그러나 커피도 사회주의 시기 상하이의 고유 문화는 아니다. 지식을 쌓는 책은 전시되고, 이런 곳에서 그저 커피를 마시는 것만으로도 상하이의 세련미를 느낄수 있다. 그러나 이곳에서는 커피를 팔지 않으므로 마치 공간이 빨리 커피를 마시러 다른 곳으로 이동하라고 재촉하는 듯하고, 사람들은 결국 곧장 나가게 된다. 사회주의식 스타일리시는 이렇게 실현되고 소비된다. 사회주의를 소비한다는 것은 바로 이런 일련의 행위들을 뜻한다. 즉 감성 공간이 '갬성'이 되는 순간, 인간들의 행위는 원래의 목적을 잃게 된다. 어쩌면 그런 방향감 상실이 세련의 본체일지도 모르겠다. 이런 모순된 감성은 사회주의를 한 번도 경험한 적 없는 세대들이 경험함으로써 세련된 감성으로 거듭난다.

실제로 이러한 '준식민지 공간에서 혁명적 공간으로'라는 획기적 발상은 사회주의 시기 상하이가 생산에만 몰두하도록 배치되었던 모든 공간을 긍정적으로 인식하게 하기 위해서라도 필요했다. 상하이가 마오쩌둥의 사회주의 혁명 이후 치러야 했던 대가는 부르주아지의 공간이라는 오명을 씻는 일이었다.[11] 이후 시진핑 지도부는 이런 오명에 (마오주의를 포함하여) 혁명적 과거의 미사여구를 떠올리게 하고, 그에 따른 권력을 강화하며, "중국 국가 회복의 꿈(民族復興的中國夢, China dream of national rejuvenation)"을 함양하는 전략[12]을 편다. 따라서 중국 공산당과 국가는 마오쩌둥의 혁명적 사회주의의 담론 양식과 미사여구를 동원하여 소비, 상업 문화, 자본주의적 프로젝트를 장려한다. 여기에 사회주의 공간의 재탄생은 중요한 역할을 담당하게 된다. 포스트 사회주의 시대 마오주의의 혁명적 사회주의에 관한 역사적 재전유(re-appropriation)는 이런 방식으로 새로운 공간을 생산하면서 감성을 조직하고, 나아가 국가 전략들을 구체화한다.

아마도 새로운 유형의 사회주의 경험을 소비하면서 공간을 재전유하는 현상은 2015년부터 시작된 '궈차오(國潮, China Chic)' 붐으로 한동안 개척될 여지가 충분하다. 주목할 사실은 궈차오 안에서 풀이되는 중국적인 것에 사회주의 경험을 긍정적으로 포함한다는 점이다. 사회주의 경험들이 상품화되고 공간과 결합하는 방식은 완전히 새로운 콜라주로 대두된다. 그리고 그러한 역사지리적 유물론적 감각은 바로 그러한 공간에 그대로 남아 즐거운 방식으로 이미지들이 소비되고 있다.

사회주의가 경험되도록 재전유된 포스트 사회주의적 공간들은 이전 시기의 사회주의 공간들이 다름 아닌 20세기 초기의 모던 공간이었다는 점을 상기하게 해 준다. 그리고 이 공간들은 애초부터 '상하이 모던 – 사회주의 생산 지구 – 포스트 사회주의 소비 지구'라는 겹겹의 층을 고스란히 가져가면서 자꾸만 다른 방식으로 그 얼굴을 바꾸고 있다. 여기서 드러나는 사회주의를 세련되게 만드는 방법은 아이러니하게도 포스트 사회주의의 진정한 측면인 소비주의의 점철 속에 있다. 그리고 사회주의 공간이 세련화될 때, 소비는 아름다운 일이 되고 그 세련된 소비 감성은 상하이라는 도시에서 겪고 싶은 즐거운 일이 된다.

한편 사회주의 젠트리피케이션의 결과 탄생한 상하이의 예술 공간들에서는 사회주의 이미지를 소비하는 유쾌함을 볼 수 있다. 여기서 지난 과거를 대변하는 인민의 이미지들은 불행하지 않으며, 심지어 희망에 차 있다. 상하이 도시 전체에서 드러나는 현재에 미래를 품고 있는 독특한 시간 개념은 여기도 적용되는 셈이다. 이는 유토피아 중국을 미리 설정하고 지속적으로 그 내용을 수식하고 있는 포스트 사회주의 중국의 방향성과도 맞아떨어진다. 또한 컨템퍼러리 예술이 전시되는 특수 공간이 아니더라도 인민을 개별적으로 조명하는 새로운 현상은 일반적으로 널리 나타난다.

컨템퍼러리 예술 분야가 아니더라도 중국 인민들은 매우 경쾌한 방식으로 사회주의 이미지를 소비한다. 거리에서는 사회주의 시기 사용했던 법랑 세숫대야나 꽃무늬 침구 같은 빈티지한 상품들이 팔린다. 또한 하얀 토끼가 그려진 유과 사탕 '다바이투(大白兔)'는 상하이를 방문하면 사 와야 할 상품이 되었다. 사실 아무런 특징 없는 이 사탕은 사회주의 시기 다양한 먹거리가 없던 때 유일하게 '달콤함'을 상징했던 간식이다. 다바이투는 원소스멀티유즈(one source multiuse) 방식을 써서 쿠션, 애완용품, 문구용품 등 각종 형태로 팔려 나간다. 물론 1978년 이후, 즉 포스트사회주의 이후에 태어난 바링허우(八零后)나 주링허우(九零后)는 다바이투에 관한 경험이 없다. 그리고 상하이를 방문하는 외국인들은 이 사탕을 추억이라는 시간성과 연관 짓기 어렵다. 하지만 다바이투는 지난 사회주의를 즐겁게 소비하고 유쾌하게 해석한다.

지난 사회주의 시기의 일상용품을 재해석한 공간은 포스트사회주의 중국의 소비 산업에서 여러 가지로 쓸모가 있다. 일단 사회주의를 경험해 보지 않은 사람들에게 재미와 신기함을 제공한다. 이는 그 자체로 완전히 '새로움'이 된다. 이러한 첫 경험은 즐거움을 선사한다. 사회주의 시간을 담고 있는 사물들은 전혀 다른 시공간에서 소비 욕구를 불러일으킨다.

물질적 공간의 변화 이외에 주목해야 할 점은 가상 공간에서 창조적 공간이 만들어진다는 사실이다. 새로움을 경험하는 시간들은 동시간대에 이미지로 확산된다. 이러한 이미지들은 실제로 SNS에서 보여 주기 좋은 특이한 볼거리가 되기 때문이다. 서울이나 도쿄에는 없는 볼거리 그리고 다른 공간을 동시간에 경험할 수 있는 디지털 문명은 이런 방식으로 중국의 이미지가 사회주의라는 사실을 승인하도록 만든다. 이는 또한 사회주의를 겪어 보지 못한 타자들이 사회주의에 품고 있는 환상을 유지하게 해 준다. 오리엔탈리즘은 단지 지역적 문제가 아니라, 분명히 이미지화되고 서로가 그 이미지를 암묵적으로 주고받을 때 작용한다. 둘의 공통점은 '과거'와 '미경험'이다. 중국 사회주의는 이런 방식으로 이미지화된다.

중국은 1993년부터 문명 단위를 조직하여 인민들의 생활 공간과 직장에 건전한 풍속을 만들어 나간다.[13] 이는 인민들의 공간을 정부가 조직하여 공간이 사고방식을 이끌고 나가는 전형적 도시 조직의 방법에 속한다. 상하이는 문명 구역과 마을, 직업 단위, 학교를 지정하여 해당 건물에는 명패를 나누어 주고 명시하도록 했다.[14]

문명 지구에 속한 문명 건물들은 실제로 녹색 산업이나 공유 경제와 같은 포스트 사회주의 중국의 새로운 경제 부분을 실천하는 공간으로, 문화창의 공간과 성격이 다르다. 또한 사회주의

사회주의 시기의 '달달구리', 다바이투 상품들

사회주의에 관한 경험이 없어도 충분히 '기억'이라는 소비 형태에 참여할 수 있다.

의 핵심 가치관을 실천하고 정신문명을 개척해 나가는 데 문명 건물들은 중요한 증거로서 가치가 있다.[15] 특히 마르크스 이론에 근거한 문명 공간 조직이 사회주의적 가치를 지니고 있다는 점이 강조된다. 즉 물질생활을 조직할 때 발생하는 인민들의 만족감이 곧 역사 과정의 일부가 된다는 뜻이다.

여기서 떠오르는 것들이 공유 경제, 공유 건축, 공유 교통수단, 공유 도로 들이다. 시진핑이 '공동부유'를 외칠 때, 자산의 사유화와 반대되는 '공유(公共)' 개념을 전면에 내세우는 것은 이러한 사회주의 이데올로기와 연관된다. 하트와 네그리가 말하는 공통체는 사실 누구도 개인화할 수 없는 공기나 물 같은 것들이 사유화되면서 발생하는 자본주의의 폐해에 대한 대안이다. 시진핑의 공동부유는 실제로 '공동'이라는 접두어를 붙임으로써 포스트 사회주의 중국의 성격을 강화하는데, 문명 단위로 조직된 상하이 도심 내 건물들과 그 건물들이 밀집한 거리들 그리고 그것들을 연결하는 지하철과 자전거 등 교통수단들이 도시의 하부 조직을 형성한다고 볼 수 있다. 이러한 공간 조직들은 확실히 '부유'보다는 '공동'에 초점을 두는 사회주의 방식을 증명한다.

상하이 대도시의 인민들은 지금의 포스트 사회주의 중국에서 새로운 신자유주의 영향으로 생겨난 물질적 풍요로움을 완전히 사회적 물질생활로 새롭게 조직하는 주체자로서 대상화된다. 이

사회주의 예쁜 쓰레기

사회주의 빈티지 감성들이 유쾌하게 소비된다.

들은 사회주의 시기 인민과는 또 다른 포스트 사회주의 인민으로 거듭나고 있음을 의미한다. 물론 인민들의 생활 자체를 사회주의라는 이데올로기 속에서 대상화하는 방법은 공동이라는 합목적적이고 공리적 생각으로 인민들의 시선을 고정하는 것이다. 이를 통해 사회주의에서 포스트 사회주의로 이어지는 연결성이 강화된다. 실제로 부유가 공동부유가 될 때, 그 부유는 사회주의의 연장선상에서 해석되어야 함을 강조한다. 또한 인민의 이미지가 예술이나 문화적으로 소비될 때, 이러한 삶의 현장에서 이루어 나가는 문명 단위들은 공장의 노동자로서 노동 단위에 속했던 인민들이 이제 각자의 삶에 책임을 지는 개인적 사회주의를 체화하는 방식으로 드러난다. 이는 이미지 소비보다 훨씬 더 각인되는 효과를 가져온다. 따라서 포스트 사회주의 상하이의 인민들은 노동 단위로 조직되는 것이 아니라, 미래성을 띤 문명 단위 속에서 개인적으로 삶을 책임지는 단계에 접어든다.

8

유토피아

상하이에서 '빛'은 밝은 미래를 뜻한다. 빛은 앞으로 다가올 시간을 희망에 찬 공간으로 만들어 주며, 밝은 측면만 조명하는 사회주의 리얼리즘과도 연관성이 있다. 마오주의가 한창이던 문화대혁명 시대에 제작된 공공 포스터에서는 마오쩌둥이 태양처럼 빛나고, 거기에 적힌 문구들은 모두 '앞으로 향한다(前進)'는 미래적 희망을 보여 준다. 중국에서 빛은 사회주의 시기부터 인민들에게 가장 익숙한 미래 장치였다. 따라서 포스트 사회주의 중국의 미래로서 예정된 도시의 디스토피아는 반드시 희망적 공간인 유토피아로 제시되어야만 한다.

상하이에서 '빛'은 과거를 감추고 미래를 포장해서 공간적으로 구현된 유토피아를 상징하며, 도시 전체를 비추는 '빛의 미학'을 이룬다.

'빛'의
공간

덩샤오핑은 상하이에 빛을 선사했다. 그 빛은 물론 자본주의의
불빛이다. 푸둥은 마치 프로메테우스가 인간에게 불을 선사했던
것처럼 덩샤오핑이 상하이에 던진 불빛에서부터 시작된다. 황푸
강 동쪽 강변을 중심으로 1992년 이후 새로 조성된 유리 건물과
철제 빔 건물들이 뿜어내는 커다란 빛은 전 지구적으로 나타나
는 도시의 화려함에 그대로 부응한다. 이 빛들은 번쩍하고 섬광
을 비추기도 하고, 반짝반짝 거리를 빛나게도 하며, 이리저리 날
아다니며 엄청난 쾌속으로 다가오기도 한다. 그리고 가시적으로
빛나는 모든 것들은 건물 밑에 돌아다니는 섬광만큼 아주 빠른
속도로 자본주의의 물결을 선사한다. 1992년 이후 상하이의 자
본주의 빛들은 푸둥 이외 여러 공간에서 톡톡히 그 역할들을 해
낸다. 따라서 상하이에서 '빛의 미학'을 이루는 공간들은 집중적
으로 중국 신자유주의가 빛을 발하는 공간이 된다. 또한 시진핑

정부의 국가 자본주의가 집중된 곳이기도 하다. 이러한 빛의 미학을 느낄 수 있는 공간들은 사회주의 시기에 이루어졌던 생산과 소비 형태는 완전히 종식되고, 미래형 도시에 걸맞은 생산과 소비가 감지되도록 구성된다.

상하이 도시 곳곳을 비추는 빛은 여러 가지 형태를 띠며 상하이 감성을 일깨운다.

첫째, 빛이 스포트라이트로 작용하는 공간이 있다.
둘째, 편재된 빛이 넓게 자리하는 공간이 있다.
셋째, 빛이 뿜어 나오는 가장자리에 빛의 파장 공간이 있다.

빛의 공간들이 뿜어내는 빛들은 그 강도에 따라 쓰임새도 다르다. 가장 강력한 빛을 내뿜는 곳일수록 자본주의적 욕망은 강력하고, 강한 불빛을 향해 달려가는 인민들의 욕망은 가려져 보이지 않는다. 빛이 어두운 욕망을 가린 셈이다.

스포트라이트 공간

푸둥은 신시대 인민 문화를 숨기는 대표적 소비 공간이다. 푸둥을 상징하는 것은 '동방명주탑(東方明珠塔, Oriental Pearl Tower)'이다.

그런데 재밌는 점은 이 동방명주탑을 보기 위해서는 푸둥이 아닌 푸둥 건너편에 있어야만 한다는 사실이다. 그래서 푸둥은 바라봐야 하는 전시 공간이 된다.

물론 푸둥의 빛나는 유리 건물들과 그 지하로 연결되는 엄청난 소비 공간들은 푸둥을 방문한 사람의 눈길을 순식간에 사로잡고 그 투명함 속으로 빨려 들어가게 만든다. 지하와 지상으로 이어지는 '아이에프시 몰(IFC Mall)', '케리 파크사이드 몰(Kerry Parkside Mall)', '96스퀘어(96 Square)' 같은 곳은 사실 지상과 지하가 구별되지 않도록 설계되었다. 여기서 빛은 공간의 경계를 흐리게 한다. 이는 푸둥에서 느낄 수 있는 신모던 상하이의 실체다. 이러한 푸둥의 불빛들은 소비 공간과 그 옆에 나란히 배치된 국제 금융 공간이 잘 구분되지 않도록 기능한다. 즉 신모던 상하이는 화려한 불빛들을 설치함으로써 푸둥이 구분이 없는 세계 속에 있음을 암시한다. 그러나 경계를 흐리는 불빛들이 사실은 공간들을 나누지 않고 있음을 전시함으로써 역설적으로 이곳 공간들을 철저하게 분리한다. 그 불빛은 그저 화려하게만 감지될 뿐, 실제로 이 공간들에서 이루어지는 자본주의적 흐름은 전혀 간파되지 않도록 기능한다.

소비 공간과 금융 공간을 이어서 그 경계가 사라지는 곳에 새로운 인민 주거 공간들도 자리한다. 호텔과 구분이 가지 않는 새로운 형태인 아파트먼트들은 소비와 금융, 주거 공간들이 마치 하나의 거대한 테마파크처럼 일체로 조성되어 있다. 이 공간의 실제 행위 주체자들은 실상 현재 포스트 사회주의 중국에서 아직 명명되지 않은 계층이다. 여전히 그들은 '인민'으로 포장되지만, 이미 사회주의의 인민은 아니다. 물리적인 빛과 같이 이 포스트 인민들의 삶도 빛이 난다. 물리적 즉 지리적으로 불균형을 보여 주는 푸둥의 화려한 불빛들은 그렇게 새롭게 형성되고 있는 포스트 사회주의 부르주아들의 정체를 모호하게 만든다.

빛의 공간에서 '파크(Park)'는 중요하다. 사회주의 시기 인민광장이었던 공원들은 여기서는 영어인 파크로 불려야만 한다. 왜냐하면 이 파크들은 사회주의 이데올로기 선전을 위해 인민을 모이게 하거나 그들에게 의견을 개진하도록 제공되는 공공의 장소가 아니라, 파크라는 이름에 어울리는 새로운 계층의 인민만이 점유할 수 있는 공간이기 때문이다. 따라서 파크는 빛이라는 세련된 형식으로 발하지만 그 빛을 누릴 수 있는 사람들은 매우 제한되어 있다. 파크는 이렇게 사회주의 시기의 공원과 결별한다. 이 파크를 걸을 수 있는 사람은 한정되어 있다. 여기서 한정은 실제로 이곳을 이용하는 빈도수와 적정한 쓰임 등을 말한다. 누구나 갈 수는 있지만, 그 파크가 내 생활 속으로 들어와 새로운 삶의 패턴을 만들 수 있는지를 말하는 것이다. 즉 파크 같은 새 삶의 사회적 생산과 소비 방식을 이용하기 위해서는 바로 그러한 새로운 형태의 삶을 영위해야만 한다는 점을 공공연히 알려 준다. 그 핵심은 새로운 생산과 소비다. 사회주의 시기 광장 형태의 공원이 제공했던 '인민 누구나를 위한 국가 서비스(爲人民服務)'는 포스트 사회주의 시기로 접어들어 '특정 사람들이 주인이 되는(以人民爲中心)' 형태로 바뀌게 된다.

푸둥의 스포트라이트는 흥미롭게도 중국 정부의 미래형 스마트 시티와 관련이 있다. 이러한 실제 '불빛'에 의해 건물과 건물 밑을 지나가는 전선은 감춰지고 화려하고 깨끗한 '도시'의 모습을 갖추게 된다. 이는 공간적으로 계획된 유토피아의 전형적 모습이다. 중국 스마트 시티 전략의 궁극적 목적은 중국의 새로운 사회 관리 체계를 구축하는 데 있다.[1] 중국 정부는 지난 사회주의 시기의 사회 관리 체계였던 '단위(勞動單位 , Labor Unit)' 체제를 완전히 새로운 방식으로 구성하고자 했으며, 이를 위한 계획들이 푸둥신구 건물들에 집약되어 있다. 외면상 투명한 건물과는 대조적으로 보이지 않는 곳에 엄격한 관리 시스템이 구동되고 있는 셈이다. 황푸강 건너편 구시가지에서는 검은색 전선들이 얼키설키 건물 밖으로 지저분하게 나와 있다. 바로 2차 산업 혁명과 4차 산업 혁명이 적용되는 서로 다른 공간이 시각화된 모습이다. 이러한 풍경은 준식민지 시기의 산업 형태와 공간들

그리고 그 공간들을 점유하던 계급들을 가시적으로 보여 준다. 따라서 빛의 공간들에서는 진짜 물리적 섬광들에 유의해야 한다. 즉 디지털 스마트 시티로 조직되고 새로운 사회 조직들은 감춰진 채 진행된다는 뜻이다. 이런 빛은 왜 숨겨져 있으며, 왜 그곳은 그렇게 빛이 나도록 말끔하게 정리되어 있는가 하는 문제가 곧 푸둥과 상하이가 보여 주는 신모던 상하이의 핵심이다. 푸둥신구는 그렇게 건너편에 있는 상하이 구시가지를 멀리 과거로 보내 버린다. 그러니까 '빛'은 상하이의 미래다.

편재된 빛의 공간

푸둥신구의 스포트라이트 불빛은 포스트 사회주의에 새롭게 규정되어야 할 인민들의 공간을 비추었다. 빛이 편재된 공간에서는 빛이 골고루 퍼져 있어서 공간 자체에서는 불빛의 존재를 느낄 수 없다. 하지만 이런 빛 역시 푸둥의 불빛과 같이 공간의 경계를 불분명하게 만든다. 바로 푸둥 건너편에 있는 푸시가 대표적이다. 푸시는 소비가 이루어지는 공간이면서, 전적으로 이 공간을 소비할 수 있는 계층과 소비할 수 없는 계층이 동시에 존재하는 공간이다. 또한 푸시는 이곳을 전유하는 계층과 그렇지 않은 계층을 한 공간 안에서 수직적으로 분리함으로써 극명하게 다른 상하이 신흥 부유층과 도시 하층민 두 계층을 동시에 드러낸다. 도시 내 부유층을 위해서 서비스하는 저임금 노동자들이 도시 내부에 포진하며, '신흥 노예 계급(New servile class)'[2]을 형성한다. 이 새로운 노동 계급에는 외국인 노동자를 포함해 여러 부류가 있는데 중국에서는 '농민공'이 해당된다. 농민공이라는 새로운 노동 계층에는 그들의 자녀들까지 포함된다.[3] 신흥 노예 계급의 일부는 도심에서 교외로 밀려난 상하이 원주민들이다. 이들은 사회주의 시기 도심 공장에서 그들의 삶을 이어 나갔지만, 도시 개발과 함께 도시 주변으로 밀려났다. 그들의 인민 공간은 이미 신자유주의와 자본주의의 화려한 불빛으로 덮였다. 매우 두껍고 다양한 층으로 이루어진 상하이의 신흥 노예 계급은 실상 상하이 도심 바깥에 살고 있는 사회 하층민들이다. 이들은 한 시간 정도 출퇴근 거리를 감당하는 상하이 주변의 위성 도시 거주민들로, 이 빛이 편재된 공간을 절대로 점유할 수 없다.

도심에서 서비스하는 신흥 노예 계급 중 주목해야 할 계층은 지방에서 올라온 소수민족들이다. 이들은 상하이의 농민공으로서 적극적으로 본인의 민족적 흔적을 '신노동자'로 지워 나간다. 소수민족이라는 쓸데없는 미사여구는 도시의 빛을 향해 달려드는 나방들에게는 완전히 거부당한다. 상하이라는 도시는 그렇게 소수민족이라는 존재를 보이지 않게 만들며, 또한 불빛이 편

공간의 경계가 없는 징안구 릴백화점 내부

매장, 서점, 커피숍의 구분이 없이 모두 개방되어 있다. 이 개방성 때문에 오히려 계층에
따른 공간 점유 현상이 일어난다.

재된 도시 상하이에서 살아남는 길은 그러한 타이틀을 잊거나
버리는 것이라는 점을 강조한다. 따라서 도심의 빛을 향해 달려
드는 소수민족 신노동자들은 이 빛이 편재된 공간을 점유할 수
없기 때문에, 정체성을 잊고 존재감을 잃게 된다. 도시에서는 민
족이 아니라 계층으로서만 존재하기 때문이다. 이것이 빛의 실
체다.

　푸시에서 가장 중심이 되는 징안의 징안쓰(靜安寺) 일대 백화

점들과 길 건너편 캉딩루 일대에 이어져 있는 '케리센터(Kerry Centre)'나 '릴백화점(Reel)' 등 부티크 스타일 백화점에는 이미 중국의 대표 상품들이 해외 유명 브랜드와 나란히 전시되어 있다. 심지어 해외 유명 브랜드보다 더 세련된 모습을 하기 위해 매장 내 공간도 포스트모던하게 바뀠다. 각 매장은 분리되지 않고 한 층에 아무런 장벽 없이 서로 섞여 있다. 이 백화점들이 현대적 모습을 벗고 컨템퍼러리적으로 바뀌었다는 사실은 이곳이 소비 공간이면서 동시에 여유 공간이기도 하다는 점에서 드러난다. 이 일대의 백화점들을 보면 중간중간 커피를 마시는 공간이 있고 바로 그 옆에는 그림을 그리거나 자신만의 액세서리를 만드는 공방도 있다. 이런 공간들은 완전히 소비의 장벽 자체를 편안한 모습으로 바꿔 친근감을 조성한다. 물론 이런 공간조차 소비와 상관없다고는 말할 수 없다. 이곳을 점유하는 비용이나 강의를 듣게 되면 강의료도 지불해야 하기 때문이다. 그러나 직접 물건을 구매하기보다는 다른 방법으로 소비를 유도함으로써 아름다운 소비 생활을 유도한다.

또한 징안 일대의 이 새로운 소비 공간들의 가장 큰 특징은 공간이 전혀 분리되어 있지 않다는 점이다. 여성과 남성, 먹는 것과 입는 것 등 용도를 구분하지 않는다. 심지어 옷, 음식, 책 등 소분류조차도 층별로 고려되어 있지 않고, 중앙에는 다른 층으로 이동할 수 있는 엘리베이터도 없다. 그저 그러한 공간에 가는 것만으로도 충분히 도시의 새로운 경험을 할 수 있게 한다. 이 경계 없는 공간들이 주는 위압감은 이 공간을 실제로 점유할 수 없는 노동자들을 철저하게 소외한다. 즉 공간 획분 없이 개방된 소비 공간은 모두 환하게 밝혀져 도시의 편재된 불빛으로 안착되어 있지만, 그 불빛이 실제로 작동될 수 있게 하는 것은 이곳에서 일하는 노동자들의 서비스다. 그 불빛을 통해 상하이는 소비 도시로서 독립한다. 또한 이 불빛들은 상하이 도시 속 '섬'과 같이 작용한다. 소비자들과 이곳에서 서비스하는 노동자들은 '빛의 섬'으로 건너갔다 오면 현실로 돌아오기 때문이다.

징안 주변의 소비 공간은 1998년부터 정부 시책에 따라 생산 지구에서 소비 지구로 공간의 성격이 바뀌었다.[4] 이러한 공간들은 새로운 소비 계층을 형성하는 동시에 대도시에 거주하지 않는 인민들을 이곳에 새로 거주하게 된 신흥 부유층과 분리한다. 중국 정부는 제10차 5개년 계획 중심 목표를 "소비문화를 장려하고 소비자의 욕구를 자극하는 것"이라고 당당히 밝혔다. 1996년에는 중국 정부가 베이징에서 새로운 '시민 소비자(citizen consumer)'라는 의미를 구상한 이후, "주말 문화"[5] 그리고 "여가 문화 열기(leisure culture fever)"와 같은 담론이 곧 중국 사회의 대중 매체로 퍼져 나가게 만들었다. 이는 소매 유통, 관광, 음식, 무역, 대중

교통과 같은 전통 서비스 산업의 호황으로 이어졌다.[6]

　물론 중국에서 신흥 부유층이 소비하는 공간은 곳곳에 포진되어 있다. 하지만 이곳 징안이 중국의 다른 소비 공간과 비교되는 이유는 바로 이 공간에서 소비하는 계층이 직접 거주도 하며 공간을 점유하기 때문이다. 이는 푸둥에서 쏟아 내는 화려한 자본주의 불빛과 또 다른 의미를 지닌다. 왜냐하면 루자쭈이(陸家嘴)의 화려한 금융 오피스 건물은 낮에만 점유하는 계층이 있을 뿐이고, 난징둥루를 중심으로 하는 레스토랑을 갖춘 유흥 건물 역시 부유 계층의 이동 거점일 뿐이지만, 이곳 징안은 바로 신흥 부유층이라는 특별한 계층의 삶이 전개되기 때문이다. 즉 징안은 다른 경제 거점 공간과 달리 신흥 부유층이 온전히 전유(專有)한다. 따라서 이 공간은 소비 공간이면서 여전히 주거 공간으로 기능하지만, 고급 주택화를 뜻하는 젠트리피케이션이 가장 극명하게 드러나는 곳이라고 말할 수 있다. 사회주의 시기 이곳을 점유하고 주거했던 인민들은 도시 외곽으로 모두 쫓겨났고, 일하기 위해 이곳으로 다시 온다. 따라서 징안 지역은 이곳을 새로이 점유하는 신흥 부유층들의 삶의 공간이자 놀이터로 변한다. 그곳은 가상 현실이 아니라, 진짜로 존재하는 상하이의 유토피아 공간이다. 바로 이 점이 상하이 빛 감성의 잔혹한 실체다.

　빛이 편재된 공간은 빛이 편재된 만큼이나 평범해 보이지만,

그 빛 역시 누릴 수 있는 계층을 선택적으로 한정한다. 도시적 경험과 코스모폴리턴으로서 경험들이 보여 주는 편안한 불빛들의 실체가 상하이의 컨템퍼러리 공간 미학을 이룬다.

빛의 파장 공간

프랑스 조계지였던 우캉루를 중심으로 헝산루(衡山路) 일대와 최근 유행이 확대된 쉬자후이(徐家匯) 일대를 빛의 파장 공간이라고 말할 수 있다. 이곳의 특징은 상하이 모더니즘에 관한 노스탤지어를 밀어내면서 장소의 명칭을 다르게 하는 전략을 취한다. 이렇게 함으로써 상하이 모던에 해당하던 20세기 초반 시간대에서 현재로 훌쩍 뛰어넘게 만들어 준다. 말하자면 빛의 공간들에서 '빛'은 포스트 사회주의 시기 새로 그 성격을 규정해야 할 인민들의 새로운 공간 점유 형태를 보여 주고 있다고 볼 수 있다. 그리고 이 빛의 파장 공간들은 상하이의 사회주의 인민이라는 성격을 완전히 망각한 채 새로운 인민 유형을 불러온다. 주로 그 형태는 두 가지로 드러난다. 하나는 포스트 사회주의에서 사회주의 성격을 완전히 배제하거나 또 하나는 반대로 사회주의 흔적을 타자화한다.

예를 들어서 사회주의 시기 처음 설립된 신화서점(新華書店)은

'빛의 공간(光的空間)'으로 이름을 바꿨다. 이 서점은 일본의 유명한 건축가 안도 다다오(安藤忠雄)가 디자인했다.[7] 전체적으로 전 지구적 도시 취향을 따름으로써 중국 사회주의 시기 미학을 완전히 떨쳐 내는 모습으로 새롭게 단장했다. '빛의 공간'에서 느낄 수 있는 감성 역시 '세련됨'이다. 커피가 제공되고 화려한 표지의 책들을 꽂아 두기보다 정면이 보이게 진열해 눈을 즐겁게 한다. 젊은 연인들은 이곳에서 데이트하고, 탁자 위에 노트북을 켜 놓고 새 책들을 본다. 책을 '사는' 상업적 공간이 책을 '보며' 삶의 여유와 정신적 즐거움을 누릴 수 있는 훌륭한 장소로 변모했다.

한편으로는 도쿄의 신도시 다이칸야마(代官山)와 같이 세련된 감성으로 나아간다고 말할 수 있다. 다이칸야마 쓰타야 서점(蔦屋書店) 역시 옛것은 부분적으로 남기되 오래된 전통을 강조하지 않으며, 디지털화된 네트워크를 통해 새로운 고객 문화를 창출하고 있다. 쓰타야 서점은 이미 책을 사는 곳이 아니라, 여러 가지 문화생활을 할 수 있는 새로운 개념의 컨템퍼러리 문화 공간이 되었다. 프랑스 조계지였던 이 빛의 파장 공간들 역시 디지털 시대 새로운 지식 자본 전략을 가져와서 과거를 조용히 밀어내고 현재의 컨템퍼러리 감성을 재편한다. 이런 감성들은 단순히 과거 상하이에 관한 노스탤지어를 가져오고 싶은 것이 아니라, 새로운 공간을 만들고자 하는 열망 속에서 과거의 준식민 공간

©kimyoungmi

새로운 공간 기능을 보여 주는 상하이 서점

'신화서점'은 일본 건축가 안도 다다오가 내부를 디자인하면서
'빛의 공간'으로 모습을 바꿨다.

©kimyoungmi

프랑스 조계지의 상하이 모던을 밀어내고 컨템퍼러리 감각을 갖춘 '퍼거스레인'

사회주의 경험이 없는 중국 신세대에게 우캉루 일대는 '소비 조계지'의 역할을 한다.

을 이용할 뿐이다. 이런 성향은 기존의 헤리티지 산업과는 차별화된다.[8] 이곳에 2000년 이후 만들어진 컨템퍼러리 감성 공간들은 진짜 건물들이 아닌 시뮬라크르화한 가짜 역사적 건물들이다.

예를 들어 우캉루 퍼거슨레인에 몰려 있는 새로운 상점과 작은 갤러리, 커피숍들은 그 거리에 있던 중국 현대 지식인인 바진이나 쑹칭링 같은 인물들을 생소하게 만든다. 20세기 초기 이곳 공간에 나타나는 과거 상하이 모던 감각들은 이곳을 방문한 관광객들에게 현재를 향유하고 새롭게 경험할 것을 진지하게 요구한다.

빛의 파장 공간들을 점유하고 있는 포스트 사회주의 인민들에 관해서도 생각해 봐야 한다. 이곳은 빛의 파장 공간들이므로 그 빛이 희미하다. 프랑스 조계지라는 지점도 독특하다. 상하이 서쪽 중심 넓은 공간을 차지했던 프랑스 조계지는 기본적으로 다른 서양 국가들이 점유했던 조계지보다 훨씬 더 많은 중국인들이 거주했다. 이곳은 조계지이자 중국인들의 공간이 섞여 있는 공간이었고, 따라서 빛의 편재 공간인 푸시보다 하이브리드적 성격이 강하다고 말할 수 있다.

또한 빛의 파장 공간들을 점유하는 인민들은 여전히 사회주의 시기 인민들의 삶을 강요받고 있기도 하다. 프랑스 조계지 시절부터 세워진 비에수들은 여전히 고색창연하게 그대로 방치되고 있으며, 이곳에서 거주하는 인민들 역시 사회주의 시기에 이곳에 배치된 상하이 시민들의 후손이다. 즉 이 빛의 파장 공간에는 독특하게도 섞일 수 없는 두 부류가 섞여 있는데, 하나는 지난 사회주의 시기 인민의 겉모습을 하고 있는 인민과 또 하나는 이곳을 절대로 점유할 수 없는 외국인 관광객들이다.

빛의 파장 공간들은 기본적으로 빛 주변에서 새로운 경제 형태에 가담하고 있기 때문에, 반드시 비가시적 공간을 포함해야 한다.

그 감성은 실제로 어떤 실물적 공간이기보다는 온라인에서 더 활발히 진행되기도 한다. 광랜을 이용한다는 점에서 역시 빛의 공간이라고 할 수 있으며, 여기서 빛은 감지되지 않는 새로운 빛으로서 그 역할을 한다. 또한 이러한 공간들은 새로운 지적 자본이 만들어짐과 동시에 평범함을 가장하고 있기 때문에 더욱 도드라지는 특성이 있다. 이 공간의 특성은 서비스 중심 경제와 지적 자본을 중심으로 하는 경제다. 특히 이들은 새로 생긴 경제권[9]으로 컴퓨터 기술과 결합해 파생된다. 점조직 같은 이 작은 공간들은 사실상 온라인이라는 매우 커다란 공간을 숨기고 있다. 여기서 정부와 결탁하면 바로 온라인을 통한 통제가 된다. 고객의 기호를 미리 간파하고, 통계화하여 공간을 제대로 점유하

큐알 코드로 움직이는 자전거

사회주의 시기의 대표적 운송 수단인 자전거가 포스트 사회주의에 접어들어 새로운 경제
유통에 가담하게 되면서, 동시에 인민들은 자발적으로 감시 체계 안에 들어가게 된다.

기 위해서는 소비 계층이 파놉티콘(Panopticon) 안에 자발적으로 들어와야 한다. 그리고 이런 과정에서 계급 차별화를 낳게 된다.

고객을 관리하고 고객의 온라인상 클릭 수와 형태들을 기반으로 완전하게 그들의 요구를 알아내어 바로 제시하는 새로운 형태의 서점과 멤버십 빌라, 큐알 코드(QR code)로 대여하는 공유 자전거 오포(ofo), 에어비앤비 등의 공유 경제가 여기에 속한다. 이 빛들은 절대적 공간이라기보다는 빛의 속도로 여러 곳을 돌아다니며 형성되는 특징이 있다.

대표적으로 '오포'는 알리바바 그룹(阿里巴巴集團)과 공유 자동차 기업 디디추싱(滴滴出行) 등에서 총 22억 달러에 이르는 투자를 받으며[10] 새로운 경제 체제를 창출했다. 오포는 사회주의 시기와 포스트 사회주의 시기를 나누는 대표적 사물인 자전거를 이용한다. 사회주의 시기 자전거는 인민의 발로 불렸다. 그러나 이제 상하이에서 자전거가 지닌 이러한 인민의 보통성과 보편성은 반드시 디지털 앱과, 전자 상거래가 필요한 자본 유통의 맥락 속에 있다. 이와 같이 사물의 위치 전환이 만들어 내는 가치는 중국의 신자유주의 시스템과 함께 작동해 빛의 파장 공간에서 핵심 역할을 해낸다. 또한 책을 사는 새로운 공간으로서 '둬윈수위안(朵雲書院)'은 52층에서 상하이 푸둥신구의 전망을 바라보는 공간으로도 기능하지만, 2000년 이후 새로 생긴 중국의 서점들과 함께 주변 소비 지구와 연계함으로써 적극적으로 이곳을 이용하는 사람들을 '독자'에서 특별한 문화를 소비하는 '소비자'로 바꿔 놓는다.

이와 같은 맥락에서 새로운 공유 경제를 지향하는 공간들도 포착된다. 대표적 예로 글로벌적 점조직을 형성하는 '에어비앤비'가 있다. 상하이 에어비앤비는 앞에서 말한 모든 감성팔이 공간 곳곳의 일반 주거 형태 속에 안착하여, 상하이에서 주요한 임대 사업으로 자리 잡았다. 다른 곳의 에어비앤비와 마찬가지로, 상하이라는 도시 경험을 프로그램 안으로 끌어안음으로써 상하이가 아닌 곳에 거주하는 중국의 각 인민과 전 지구적 이용객들까지 자발적으로 중국적 파놉티콘 안에 들어오도록 만든다. 상하이 에어비앤비가 제공하는 상하이 체험은 독특하다. 주로 해외에 거주하는 중국인 부유층이 상하이 모던 빌라인 비에수나 옛 스쿠먼 양식 주택에서 한 칸씩 쪼개서 살고 있는 중하층 인민들의 이름을 빌린다. 이용객들은 상하이만의 특별한 경험을 위해 기꺼이 이 좁은 집에 들어간다.

큐알 코드로 이루어지는 임대 사업과 전망과 소비를 조장하는 새로운 형태의 서점, 상하이에서 특별한 시간과 공간을 경험하는 동시에 경제적으로도 저렴한 에어비앤비 등은 그 편리함을 도시 경험과 함께 누릴 수 있다는 장점을 전면에 내세우면서 자발적 파놉티콘의 현대적 모습을 하게 된다. 감성을 파는 공간들 속에는 분명히 국가 감시망이 존재한다. 또한 큐알 코드는 내 돈이 중국 경제권 안에 있음을 상징한다. 중국에서 외국인은 중국 위안화가 들어 있는 계좌를 가지고 있어야 한다. 물론 비자 카드나 마스터 카드로도 해결할 수 있지만, 디디추싱과 같은 운송 수단을 이용하는 데에도 기본적으로 앱을 깔아야 하고 또한 앱에서 비용을 미리 지불하고 운용되도록 시스템이 갖추어져 있다. 네모 칸에 알 수 없는 검은색 그림이 그려진 큐알 코드는 사실 내국인이든 외국인이든 중국 안에서 유통되는 돈의 흐름을 전송하는 개인 정보망인 셈이다. 또한 AI 얼굴 인식으로 잡힌 개인 이미지들은 범죄 사실이 없어도 국가 데이터베이스에 잠정적 범인의 몽타주처럼 인식된다.

사실 이러한 감시 기구와 경찰 기구들이 출현한 시점은 중국이 신자유주의 국가로 변모하면서 인민 분리를 행했던 때이기도 하다. 사회주의 시기 '노동 단위'라는 단체 속에 감춰졌던 인민 개인은 소비를 위해 개별적으로 온라인에 접속하고 등록하면서 완전히 개인화된다. 이는 신자유주의에서 개인을 가장 중요하게 여기는 점과도 관련이 있다.[11] 이것이 지금의 중국을 포스트 사회주의라고 진단할 수 있는 중요한 지점이 된다. 이는 다시 말하면 인민들에서 인민 개인으로 분리되는 과정이고, 이 과정에서 각 인민 개인은 철저하고 정확하게 국가의 감시를 받을 수 있다. 그럼으로써 표면적으로는 개인의 행복 추구 혹은 개인 선택의 자유를 이룰 수 있다. 또한 이 지점에서 강력하게 간파할 수 있는 사실은 바로 분리된 인민 개인들의 경제적 상황이 노출된다는 점이다. 어떠한 것을 소비했고 어떠한 공간을 점유했으며 어떻게 이동했는지가 고스란히 빅데이터로 잡힐 때, 인민들은 자유롭고 행복한 움직임 가운데 강력한 단체 대항권을 상실한다.

'빛'은 상하이 대도시의 밝은 미래를 상징하고 공간적 유토피아를 증명하지만 동시에 정확하게 중국의 국가 신자유주의가 어떻게 운용되는지를 보여 주는 확실한 증거가 된다.

'아름답다'는 것

2010년대 이후 상하이에는 중국 정부의 문화산업 정책과 직접적으로 연관되는 또 다른 성격의 공간들이 추가되었다.[12] 이 새로운 공간들은 상하이 도시 감성을 공략하며 노골적 상업 코드를 감추는 전략을 취한다. 그리고 새로운 '지적 자본(知的資本)'[13]으로서 경제 교환의 가치를 지닌다. 지적 자본은 2010년 이후 전 지구적으로 벌어진 디지털 문화 속에서 새롭게 나타난 경제 형태다. 포스트 사회주의 중국의 인민들 역시 디지털 네트워크 신시대에 가장 어울리는 활동으로서 새롭게 조직된 감성 공간에 적극 참여하고 있기 때문에, 상하이의 새로운 감성 공간들은 그 어느 때보다 완전히 새로운 모습으로 포장된다. 이러한 도시의 감성 제조 공간들은 주로 시각적으로 호소함과 더불어 편안함을 선사하고, 편안함은 소비를 오히려 생산적이라고 생각하게 만드는 듯하다. 또한 이 공간들이 주는 친근성은 도시의 평범한 인민들이 공간을 이용하는 일을 '먹고 마시고 잠자고 휴식하는' 일상처럼 느끼도록 만든다. 사실 이러한 '총체적 도시 경험(Total Urban Experience)'은 상하이가 아닌 다른 대도시에서도 할 수 있다. 바로 이렇게 전 지구적으로 편재해 있는 대도시의 평범한 체험성과 보편성이 중국 정부가 꿈꾸는 신시대에 이루어질 인민들의 소강사회를 포장하게 된다.

실제로 2021년 발표된 '제14차 상하이 5개년 계획(14.5)'의 기조는 '인민 중심(以人民爲中心)'[14]이다. 이 계획은 '국가 5개년 계획(中共中央關于制定國民經濟和社會發展第十四個五年規劃和二〇三五年遠景目標的建議)'을 바탕으로 세워졌기 때문에, 상하이의 방향성은 2035년까지 국가 방향성과 일치할 예정이다. 여기서 말하는 '인민 중심'은 경제적 소득과 실업 문제, 생태 환경 조성, 건강, 교육 등 공공 서비스 전반에 걸쳐 그 중심을 '사람'에게 둔다는 전략이다.

중국의 포스트 사회주의 미학을 이해하는 중요한 핵심은 바로 '인간의 주관성(Subjectivity)'이다.[15] '주권적 주체'와 '인간 행위자 개념'을 그들의 유토피아적 열망과 결합하는 중국 포스트 사회주의의 미학 방향은 사실상 서구에서 이해하는 마르크스주의와는 완전히 방향이 다르다. 유토피아 구현과 그 주체적 실천자로서 인간은 곧 경제적 물질 생산의 측면을 뜻한다. 그렇기 때문에 중국 포스트 사회주의에서 추구하는 미학의 모든 방점은 인민이라고 지칭되는 상하이시 보통 시민들의 일상생활과 가장 밀접하게 관련될 수밖에 없다. 그리고 이러한 국가적 서비스를 누리는 그 시공간이 바로 2035년 즈음 달성할 상하이 '소강사회'의 구체적 모습이 될 것이다.

　여기서 중요한 사실은 국가 문화 산업 정책들이 표면적으로 선의의 형태를 띤다는 점이다. 이는 인민의 행복을 보장하는 소강사회 건설이라는 형태로 제시된다. 아도르노(Theodor Ludwig Wiesengrund Adorno)가 지적했듯이 문화 산업은 특정 기업이나 판매할 수 있는 물건인지에 상관없이 '선의(goodwill)'를 만들어 내고 홍보하는 이미지로 변모한다.[16] 따라서 결국 '감성에 따라 분할되는 공간'은 문화 활동들에 참여하는 주체와 그들을 조직하고 이끌어 내는 중국 정부의 긴장과 협치 속에서 새로운 공간으로 구축되고 있다. 그리고 새로운 공간들은 곧 국가 이데올로기가 은폐되는 장소가 된다.

　일반적으로 예상하듯이 미셸 푸코(Michel Foucault)가 제러미 벤담(Jeremy Bentham)의 '파놉티콘'에서 빌려 온 국가 권력의 감시 시스템은 중국 정부가 지적 자본을 형성하는 데 가장 중요한 플랫폼으로 작용한다. 그것은 중국의 정치권력 시스템이 해 왔던 명령 하달 방식과 똑같이 행정 시스템에 작동된다. 상하이 거리 곳곳에 널리 포진된 '톈왕(天網)'과 같은 감시 시스템, 전국적으로 움직이는 빅데이터 행정 전자 시스템, 기업이나 개인이 관리하는 전자화폐 시스템 등은 지적 자본 형성에서 기초적 네트워크와 관리를 돕는다. 전국적 디지털 망의 형태를 갖춘 '톈왕 프로젝트(天網工程, sky net Project, 2015)', AI 얼굴 인식 프로젝트인 '쉐량 프로젝트(雪亮工程, Snow Bright Project, 2017)' 그리고 이러한 감시망들을 감시하는 최고 상위의 '진둔 프로젝트(金盾工程, Golden Shield Project 2003)' 등은 서로 네트워크화되어 상하이를 깨끗하고 안전한 도시라고 느끼게 한다.

겉으로 드러난 선의와 편의는 촘촘하게 감시망을 감추고 있으며, 이 감시망은 분명히 깨끗하고 쾌적한 도시 생활을 위해 반드시 필요하다. 이는 사회주의 중국이 꿈꾸는 유토피아의 단면을 보여 준다. 표면적으로 인민 중심인 사회가 구성되는 그 근간에 '사람', 즉 사람을 지켜보는 경찰화된 국가 감시망이 있다. 이들은 보이지 않는 형태로 사회의 '아름다움'을 구성해 나간다.

동시에 전체적으로 사회주의 중국이 1978년 이후 포스트 사회주의로 들어서면서 가시적으로 미학감을 느끼게 해 주는 부분은 새로운 색감이다. 극단적으로 말해서 '붉은색' 일변이었던 사회주의 색감은 이제 빈티지가 되었다. 하나로 집중하는 형태로서 이 붉은색은 사회주의 이데올로기와 동일시되었다. 따라서 포스트 사회주의에 접어든 중국 상하이에서는 이 붉은색을 재빨리 과거의 색으로 미루어 둘 필요가 있었다. 붉은색이 여전히 현재성을 띠고 있는 농촌과 달라지기 위해서라도 도시는 다른 색감이 필요했다.

또 한 가지 색감은 무미건조하지만, 사회주의 시기 생산을 의미하는 시멘트와 같은 회색이다. 보이지 않는 이데올로기의 유물론적 흔적들은 회색으로 점철되어 있다. 포스트 사회주의 중국에서 대도시 상하이의 산업 생산 현장들은 재빨리 소비 장소로 바뀌었지만 원래의 시멘트색인 회색을 그대 방치하면서 인더스트리얼한 감성을 유지했다. 이는 사회주의 시기 유물로서 공장들이 의미하는 회색과는 다르다. 사회주의 시기에 생산 지점이었던 공장들이 소비 지점으로 바뀌면서 데페이즈망(dépaysement)과 같은 효과를 낸다. 사회주의 흔적과 그 의미들이 전혀 다른 지점에 가 있는 것이다.

또한 전체적으로 기능성을 강조하던 직선적 디자인이 곡선적 디자인으로 바뀌었고, 도시 안에 유입된 물과 나무가 회색 공장 옆에 자리 잡으며 푸르름을 더하는 방향으로 나아갔다. 또한 그 이전에 쓰지 않던 흐릿흐릿한 중간색들이 포진하고, 명도와 채도는 다른 톤으로 바뀌어 귀엽고 예쁜 것 또는 세련된 방향으로 나아갔다. 이러한 현상은 강렬한 색상이 이데올로기와 딱 붙어서 지속적으로 의미를 생산해 내던 기존의 경향을 내버리고 있음을 뜻한다. 이는 외부로부터 메시지가 들어오지 않게 만드는 작전이다. 오히려 이제 인민들이 데페이즈망처럼 배치된 각 공간과 특별하지 않은 색감들 사이에서 즐겁게 상상하고 감성을 즐긴다. 21세기 상하이는 지난 20세기 동안 인간들이 부지런히 창조했던 세계들을 데페이즈망으로써 도시에서 연출하며 아름다움의 실체를 만들어 나간다. 새롭게 창조한 공간은 미래를 제시하고 이 공간에서 드러나는 아름다움은 감성을 불러일으킨다. 그리고 상하이에서 아름답다는 것은 바로 이 도시에서 살아가는 인민들의 생활과 연관이 있다. 그것이 곧 '아름다운 생활'과 '아름다운 중국'이 된다.

아름다운 생활, 미호생활

'미호생활(美好生活)'[17]은 풀이하자면 '아름다운 생활'이다. 이 용어는 2017년 10월 25일 제19차 전국대표대회 가운데 시진핑의 연설에서 나왔다. 어린이 양육, 노인 돌봄, 취약 계층 배려 등이 주요 내용이며, 이를 추상적으로 '아름다운 인민생활'이라고 명시한다. 그리고 미호생활로써 사회의 공평과 정의, 인민의 전면적 발전을 촉진하고 비로소 공동부유를 온전히 체현한다고 말한

다.[18]

　공동부유는 실제로 '공동'에는 사회주의, '부유'에는 포스트 사회주의적 측면이 있어서, 자본주의를 껴안은 변색된 사회주의를 뜻한다. 하트와 네그리가 쓴《Commonwealth》(2009)는 한국에서는 '공동체'로 번역되었다. 여기서 'Common'이라는 개념은 하트와 네그리가 밝혔듯이 'communiy'에서 왔으므로, 이는 실상 마르크스주의의 선상에 있음이 확실하다. 또한 모더니티와 안티 모더니티의 획일적 움직임을 대신할 대안적 의미로서 '알터 모더니티(Alter Modernity)'의 구체적 증거가 되기도 한다. 물론 그들에게 공동체는 시진핑 정부에서 내세우는 공동과 동일하게 미래적 비전을 지니고 있다. 모두 현실 타개가 목적이므로 하트와 네그리 이론과 시진핑의 공동부유에는 개인 간 차별성을 인정하면서 여전히 모두가 잘사는 형태로 나아간다는 공리주의가 깔려 있다. 따라서 공동은 결과론적이고 목적론적인 가설에 속한다. 둘 사이에서 다른 지점은 시진핑의 미래는 밝고, 하트와 네그리의 미래는 어둡다는 것이다. 두 가지 모두 인간의 주체성을 강조한다. 하지만 자연이라는 객체를 대하는 태도는 다르다. 하트와 네그리의 '공통'은 자연을 함께 자유롭게 무한정으로 사용하겠다는 의미다. 따라서 그 대상은 물, 광물 등 천연자원이고 이것들은 모두가 공동으로 누려야 하는 자원이 되므로, 이런 자연을 사유화하는 행위를 반대한다. 하지만 시진핑의 공동부유에서 중요한 것은 자연 객체보다 인간들의 '공리'다. 공리는 물질적 부유를 가리킨다.

중국만의 독특한 용어로서 '공리'는 마오쩌둥의 인식에서부터 시작된다. 마오주의에서 말하는 유토피아적 사회주의를 달성하기 위해서는 '비이기심(unselfishness)'이라는 중요한 덕목이 있다.[19] 이는 공동의 생활을 위해서 프로텐스탄트 초기에 금욕 생활을 했던 상황과 유비된다. 즉 물질적 상황과 생산 조건을 개선하기 위한 인간의 성실, 근면 같은 단련 그리고 공동을 위한 '선'이 더 나은 사회를 만든다는 생각이다. 이것이 마오주의 유토피아다. 여기서 공리는 여전히 도덕적이다. 하지만 시진핑은 신마오주의 유토피아를 내놓는다. 이는 사회주의 이상 속에 신자유주의가 들어온 포스트 사회주의 중국이 다시 만들어 가야 할 새로운 유토피아를 보여 준다. 즉 포스트 사회주의 중국에서 유토피아는 과거의 도덕적 공리를 넘어선 물질적 선, 즉 공동부유가 된다. 여기서 반드시 생각해야 할 점은 '함께'를 뜻하는 '공동'이 지니는 미학이다. 미호생활은 포스트 사회주의 중국의 새로운 유토피아주의를 구체적으로 아름답게 만들어 준다.

공동부유는 모든 인민에게 공평하게 중국 내 모든 공간의 사유화를 금지한다. 그러나 이미 중국은 신자유주의를 적극적으로

채택했으며 이후 개인 주택 사유화가 급속도로 팽창하고, 시진
핑 정부는 이를 부추기기도 했다. 그런데 2020년 '헝다 사태'와
같은 큰 경제적 재난을 겪으며 공간 사유화는 '공동 미학'을 여전
히 머뭇대게 만들었다. 물론 헝다 사태와 같은 상황에서는 인민
들의 사유권을 보장하기 위한 법적 조치들을 강구하고, 여기에
필요한 경제적 상황을 해결하는 일이 가장 중요하다. 하지만 중
국 정부에서는 공동부유와 모순되는 이러한 사회적 상황을 안정
화하기 위해서, 표면적으로는 사적 공간보다 공유 공간을 더 눈
에 띄게 배치하고 강조함으로써 사유화된 공간을 은밀하게 만든
다. 이렇게 되면 사유화는 한순간에 거부당하게 된다. 인민의 끔
찍한 악몽은 이미 시작되었다. 그러나 인민들에게 유토피아로
작용해야 하는 미래적 시간성은 그대로 그 공간에 남아서, 현재
의 디스토피아와 유토피아가 공존하는 현상이 나타난다.

　한편 사회주의 시기의 공공장소였던 공원을 의견을 수렴하
는 공간이 아니라 여유를 즐기는 공간이 되도록 만드는 데에서
도 유토피아의 다른 진실을 마주하게 된다. 사회주의 시기의 공
원, 즉 광장이 지니는 공공 공간으로서 의미는 없어지게 된다. 이
제 이곳은 사회주의 시기의 광장보다는 훨씬 분위기가 자유롭
고, 세련된 공간들이 조성되어 있어 쾌적함을 선사한다. 개인화
를 금지하기 위해 뚫려 있어야만 했던 공공 공간들은 여전히 개

도심 곳곳에 붙어 있는 '중국몽' 포스터

상하이가 바로 중국의 꿈이 실현되는 공간임을 알려 준다.

방성을 강조하지만, 여기서 개방성은 이 행복감을 모두 느껴야 한다는 의미로 마오쩌둥의 공리주의적 발상과 겹치게 된다. 이미 물질적 풍요를 공리라고 해석한 시진핑 정부에서는 교묘하게 과거 마오주의 유토피아를 슬쩍 내려놓는다. 개인적 꿈들이 함께 누리는 유토피아 감성은 광장이 파크로 바뀌는 순간 일어난다. 그래서 지금의 공원들은 모두 물질적 공리를 가리키는 최고의 소비 공간들 옆으로 포진된다. 마오쩌둥이 꿈꾸던 유토피아와 시진핑이 꿈꾸던 유토피아는 그렇게 나란히 상하이 도심에서 아름다운 생활 미학으로 작동된다.

또한 소비가 일어나는 도심의 쇼핑센터를 개방 형태로 만들어 모두를 위한 소비 공간인 듯한 착각을 불러일으킨다. 상하이 도심에 있는 릴백화점에는 각 층에 어떠한 경계도 없다. 브랜드가 섞여 있는 것은 물론이고, 여성복이나 남성복 같은 분류가 없다. 심지어 고객들이 취미 생활을 즐기는 공간과 서점, 커피숍, 책을 읽으며 쉴 수 있는 곳이 모두 한 공간 안에 있다. 따로 상호를 붙인 상점도 없다. 사회주의 시기 모든 상점을 분류하고, 중앙에서 계산하게 하여 생산과 소비를 하나의 시스템으로 조직해 놓았던 것과는 완전히 다른 소비 패턴의 공간이다. 이런 소비 공간에서는 누구나 이 공간을 자유롭게 이용할 수 있으며, 누구나 자유롭게 소비 활동을 할 수 있다. 하루 종일 있어도 질리지 않는 구조와 개방적 형태 그리고 위압감이나 소비 강요도 없는 부티크 쇼핑센터들에서 인민은 이곳에 있다는 사실만으로도 행복해진다. 하지만 어떤 인민은 이곳에 가지 않는다. 위압감이 없는 형태가 더한 위압감을 주기 때문이다. 도심의 징안쓰 건물 곳곳에는 중국몽 포스터가 눈에 띈다. 쇼핑센터를 나오면서 마주한 중국몽은 지금 쇼핑하고 있는 내가 중국의 꿈 속에 있다는 사실을 실감하게 만들어 준다. 현실은 곧 꿈인 셈이다.

이런 상하이의 여유 공간과 소비 공간이 강조하는 키워드는 '누구나'다. 그러나 이 유토피아를 실현하게 해 줄 공간에는 누구나 접근할 수 있지만 이 공간을 모두가 소유할 수는 없다. 그리고 누군가만 소유한다. 미호생활은 상하이 도심에 아름다운 공간을 만들어 내 유토피아를 바로 느끼게 해 주지만, 유토피아적 공간을 코앞에 두고 디스토피아를 경험해야 하는 인민들에게 주는 달콤한 사탕과 같다. 그 사탕은 먹고 나면 흔적조차 없이 사라진다.

미호생활, 즉 인민들의 복지를 위해서는 '지역 사회(社區)' 조직이 필요하다.[20] 이는 작은 단위의 지역 사회에 디지털화된 공간이나 생태 공간들을 제공해서 교육, 건강, 경제 활동, 교통, 에너지 사용 등 새로운 생활 방식을 조직하는 것을 말한다. 네트워킹이 되는 도시 내 작은 커뮤니티로 새로운 형태의 도시를 위한 기능 단위가 된다. 이는 인민들의 새로운 생활을 위한 사회 조직이 미래에 도달할 수 있는 단위들로 여겨진다. 물론 이런 지역사회가 조직될 수 있도록 개별적 단위로서 인민 자신이 그 지역사회의 일원이 되는 것이 중요하다. 즉 공동을 위해서 개별적 인민들에게 그 권리는 넘겨 주고 '우리 모두'를 강조하게 된다. 그렇게 함으로써 생산과 소비에 관한 책임과 권리도 각자의 몫으로 남게 된다. '도시 촌락(urban village)' 형태로 전환하려는 미호생활 패러다임은 이미 사회화 과정을 통해 도달할 수 있는 유토피아를 상정하고 있다. '신도시화(new urban)'²¹로 명명된 이 도시 유토피아는 시민적 자부심과 동시에 하위 계급을 포기하는 현상을 드러낸다. 이 역시 아름다운 생활이 보장하는 표면성에 주의할 것을 당부한다.

한편 상하이 도시 유토피아에서는 상하이의 과거와 미래가 현재에 중첩하며 이러한 시간 개념은 정확하게 미호생활과 한 쌍을 이룬다. 시진핑이 제19차 전국대표대회에서 "중국 특색 사회주의는 신시대로 들어갔다(中国特色社会主义进入了新时代)"라고 말했는데, 여기서 중국 특색 사회주의는 마오주의의 새로운 버전을 뜻한다. 이 새로운 마오주의는 곧 시진핑이 내놓은 '공동부유'라든가 이것이 가시적으로 드러나는 '미호생활' 그리고 미호생활의 뉴노멀로 제시되는 '미려중국(美麗中國)'이라고 하는 새로운 공간들로 제시된다. 즉 신시대는 신마오주의와 시진핑 사상이 적용되는 구간이 된다. 따라서 신시대는 단순히 시간의 문제가 아니라, 미래의 좋은 사회 즉 유토피아로 제시되는 공간을 포함한 '시대'가 된다.

따라서 현재 상하이 공간 곳곳에서 드러나는 중첩하는 시간들은 유토피아가 이미 우리 곁에 와 있으며, 곧 완성될 실체가 된다. 미호생활은 그러한 유토피아를 생성하는 단편인 셈이다. 편안하고 평화롭고 모두가 잘살고 있는 듯 보이는 미호생활은 바로 현재에 도착한 미래 시간들이다. 이러한 현상이 특별히 중국에서도 상하이에 집중되는 까닭은, 바로 이곳이 메트로폴리탄이며 코즈모폴리턴이기 때문이다. 중국은 중국 이외의 세계에 인류의 미래를 앞당겨 보여 준다. 그 어느 곳보다도 먼저 중국 상하이에서 미래 유토피아를 보여 주고자 하는 의지인 셈이다.

포스트 사회주의 중국 상하이에서 나타나는 마지막 감성은 다채로운 색감의 행복한 꿈을 현실에서 목도하고 앞당겨 온 미래를 체험하는 것이다. 이는 바로 '유토피아' 감성이다. 데이비드 하비가 언급했듯이 "도시의 모습과 유토피아의 모습은 오랫동안 서로 뒤섞여 왔다."[22] 상하이라는 대도시는 항상 미래적 비전이 현실화되는 공간으로 기능해 왔다. 이는 서양 제국주의에 의해 현대화의 장면으로 호소될 때부터 시작된 상하이의 운명이다.

　모리스 마이스너(Maurice Meisner)는 1982년에 서구에서는 이
미 유토피아를 사실상 존재하지 않는 것으로 간주하고 있었다
고 말한다. 하지만 동시대 아시아나 아프리카 등 제3세계에서는
'혁명'이라는 이름으로 이 개념이 희망적으로 옮겨 갔다.[23] 중국
의 마오주의는 완전히 여기에 부합한다. 마오쩌둥은 '계속적 혁
명(繼續革命)'과 '부단한 혁명(不斷革命)'을 통해 미래 유토피아 건
설에 속도를 올렸다. 마오주의에서 중요하게 여기고 강조했던
정신적 측면이나 초기 프로테스탄트들에게 요구되었던 근면 성
실함 같은 정신적 결속력은 중국 사회주의에서 추구했던 유토피
아주의에서 찾아볼 수 있다. 마오주의에서는 공산주의 경제 발
전과 사회주의적 생산관계의 존재 자체가 미래 실현을 자동적으
로 보장하지 않았다. 하지만 모리스 마이스너는 마오쩌둥이 마
치 사회주의 미래가 미래적 유토피아를 보장하는 듯이 강조했다
는 점을 지적한다. 이 과정에서 마오쩌둥은 완벽한 공산주의 달
성을 위해서는 적절한 사회적 가치가 대중화되고 내면화되어야
한다는 전제 조건을 내건다. 그리고 이를 위해서는 결국 지속적
으로 아직 도착하지 않은 미래적 가능성을 희망적으로 제시할
수밖에 없었다.[24] 이러한 마오주의는 실제로 각 인민의 삶의 공
간과 여유 공간, 작업 공간에서 수시로 강조되어 왔고, 혁명에 해

당하는 정신적 측면이 강조되어야만 중국 사회주의가 꿈꾸는 유토피아를 이룰 수 있다고 주장해 왔다. 모리스 마이스너는 이러한 정신적 단련이 바로 인민들의 부단한 혁명이며, 이러한 혁명만이 유토피아를 보장한다는 인식이 바로 마오주의에서 중요하게 강조한 유토피아주의라고 설명한다.

현재 혁명을 통해 도달할 수 있다는 마오쩌둥의 유토피아주의는 시진핑의 중국몽으로 연결된다. 시진핑의 신유토피아주의는 '꿈'이라는 다소 비현실적 단어들을 내세움으로써, 마오주의가 바라보는 유토피아, 즉 미래 시간을 현재로 당겨 온다. 그리고 동시에 현실성을 확보하기 위한 장치로 '인민 중심'이라는 모토를 내세운다. 시진핑은 마오쩌둥의 '아직 도착하지 않은 미래'라는 시간성을 '현실화되지 않은 꿈'으로 대체한다. 그리고 그 꿈을 현실화하기 위해 인민을 앞세운다. 물론 마오쩌둥의 '인민을 위해 복무하라' 같은 구호에 이미 단련되어 있는 인민들은 자기만을 위하는 이기심을 버리고 타인을 생각하는 복지주의에 기시감을 느낀다.

앞서 지적한 과거와 미래가 현재에 겹쳐서 제시되는 덩어리 시간 개념은 바로 마오주의에서 추구하는 정신적 단련을 통해 도달할 미래 유토피아에 관한 새로운 해석인 셈이다. 이제 이 꿈을 이루기 위한 주체자로 인민 개인이 지목된다. 인민 각자가 꿈꾸는 유토피아는 집단이 아니라 개인의 현실적 노력으로만 도달할 수 있다. 따라서 중국몽처럼 국가가 제시한 새로운 유토피아는 반드시 인민 개인의 문제로 귀결된다. 물론 국가는 공간적·행정적 토대를 모두 마련하겠지만, 그것이 곧 유토피아 도달로 이어질지에 관한 문제는 인민 각자의 노력 여부에 달려 있다는 사실을 유념하라는 뜻이다. 실제로 꿈에 도달하는 방법은 너무도 모호하지만 시진핑의 여러 가지 정책이 마오주의의 '2.0 버전'으로서 연속적 개념을 이루기 위해서는 중국 유토피아주의가 미래 시간을 당겨 올 필요가 있다. 꿈의 실천자인 인민이 적극적으로 노력하면 바로 현실에서 그 유토피아를 맞이해야 하기 때문이다.

현재 상하이 인민들의 작업 공간에서는 새로운 생산과 소비가 이루어지는 뉴노멀이 작용하며, 삶과 여유를 즐기는 활동 공간에도 유토피아적 현실이 들어와 있어야만 한다. 이 새로운 뉴노멀이 작동하는 공간이 곧 유토피아의 또 다른 의미인 '좋은 장소'가 될 수 있다.

상하이는 분명 이러한 유토피아 달성에 가장 적합한 도시다. 그것이 지금 상하이 도시 미학의 핵심이다.

아름다운 중국, 미려중국

미호생활의 시각적 전망을 보여 주는 것이 바로 미려중국이다. 미려중국은 자연을 도심으로 끌고 와서 새로운 녹색 환경을 만들겠다는 내용이 주를 이룬다. 여기서 녹색 환경은 실제로 녹색 산업을 가리키며, 이것이 중국의 뉴노멀이 된다. 뉴노멀은 중국식으로 표현하자면 중국 특색 사회주의다. 미려중국은 분명히 새로운 경제를 창출하는 산업이며, 중국은 이것을 미래형 먹거리로 지정한다.

　'미려중국'이라는 표어는 2012년 11월 8일 제18차 전국대표대회 보고에서 정치 이념으로 가장 먼저 출현했으며, 2015년 10월에 열린 18차 5중전회에서 제13차 5개년 계획(2016~2020) 안으로 넣으면서 부상했다. 2017년 10월 18일 시진핑은 제19차 전국대표대회에서 생태 문명 체제 개혁을 가속하여 미려중국을 건설하자고 말하면서, 이 정치적 용어가 사회 전반적으로 시행해야 할 중요한 중국 특색 사회주의 패러다임이 되었다. 제14차 5개년 계획(2021~2025)에서는 더 구체적으로 생태 문명 시스템을 구축하고 경제 사회 발전에서 포괄적으로 녹색 전환을 촉진하여 아름다운 중국을 건설한다는 계획들이 나왔다. 중국에서 계획한 이 커다란 생태 환경 거버넌스는 중국이 미래 문명을 새롭게 개척할 선두 주자가 된다는 데 중점을 두고 있다. 중국은 이 문제를 국제법이나 국내법 등을 통해서 명문화하고 매해 각 시 징부가 구체적 계획을 발표하여 산업혁명 이래 중국적 방안으로 가득한 중국식 녹색 혁명을 이루겠다고 했다.[25]

상하이는 창장강 하류에 있다. 구시가지인 푸시와 신시가지인 푸둥 사이에는 황푸강이 흐른다. 상하이 서북쪽으로는 쑤저우 하천이 흐른다. 상하이의 자연은 바로 물로 대표된다. 물길과 물웅덩이 그리고 개펄 등이 상하이의 주요 환경으로, 이는 '물의 고향(水鄕)'인 상하이 도심에 자연을 끌어들이는 가장 손쉬운 방법이다. 여기에 풍부한 물이 필요한 나무들이 도시에 자연미를 더해 준다. 상하이는 자연을 도시로 끌어들이기 위해 사회주의 시기에 이미 조성되어 있던 공원들을 이용했다. 상하이 도심에 있는 공원들 인근에는 최첨단 시설을 갖춘 디지털 관련 산업 공장들이 있다. 이러한 최첨단 산업 공단 옆으로 새로운 녹색 산업이 자리하면서 상하이 도심에서 미래형 공간 미학을 조성하게 된다.

물과 나무 위주로 조성된 자연 친화적 생태 공간은 바로 미려 중국이라는 개념에서 시작되었다. 중국은 생태 문명 건설을 내세우며 경제, 정치, 문화, 사회 각 방면과 전 과정에 이러한 개념을 융합하여 적용할 것을 강조하는데, 이는 단순히 도심 내 자연

상하이 도심 내 '스트리트 가든'

디자인이 유려하고 녹색 나무가 있어, 도심을 활보할 때 공원을 산책하는 느낌을 준다.

환경만을 의미하지는 않는다. 과학 기술과 문화 환경의 기능을 갖춘 새로운 도시의 전체 인테리어로서 바라봐야 한다. '스트리트 가든(街心花園)', '아름다운 동네(美麗街區)'라는 중국 녹색 사업지구²⁶는 인민의 실제 주거지와도 관련될 수 있도록 계획된다. 이렇게 거리와 동네를 아름답게 한다는 전체 도시 계획은 2017년 7월 14일 정부에서 발표한 '상하이시 생태공간 건설과 도시미관 및 환경 최적화 제14차 5개년 계획(上海市生態空間建設和市容環境優化"十四五"規劃)'에 근거한다. 이 녹색 사업의 방향성은 두 가지로 볼 수 있다. 하나는 건축물 자체를 새로운 녹색 경제의 지표로 삼아 공간 성격을 바꾸는 방식으로, 민간 투자 형태를 띤다. 또 하나는 상하이시 전체를 아우르는 시 정부 계획의 일부로서 특정 구역의 자연환경을 새롭게 꾸미는 것이다.

　민영 그룹이 녹색 경제를 형성하는 대표적인 곳은 민항구에 있는 고이치 다카다(高田浩一, Koichi Takada Architects)가 지은 '태양 에너지 나무 시장(太陽能樹市場)' 건물이다. 이 건물은 3층 상가로 톈안지퇀(天安集團)에 속하는 상점들이 건물 32개를 각각 대표하며 나무 형태로 연결되어 있다. 또한 이 건물 안팎으로 진짜 나무도 50그루를 심어 전체가 하나의 나무숲으로 보이도록 유도한다. 건물 전체는 태양 에너지로 전기를 사용할 수 있도록 천장이 뚫려 있어 하늘을 볼 수 있다. 태양 에너지를 이용하는 방식

푸퉈 지구의 '타오푸 스마트 시티'

이곳은 바로 옆에 있는 문화 예술 공간 'M50'과 연결되어 녹색 산업과
예술 산업이 함께하도록 배치되었다.

이나 인테리어로도 이 건물은 지금 상하이시의 새로운 볼거리인 동시에 인민 친화적 공간이다. 이와 같은 친환경·친인민 방식은 새로운 '녹색 경제 상권'을 형성한다. 새로운 경제 공간이 새로운 인민들의 생활을 유도함으로써 완전히 새로운 포스트 사회주의 경제 순환을 만들어 간다.[27] 특히 민항 지구는 상하이시 생태환경국이 발표한 생태 주거 지역이다.[28] 이러한 방향은 녹색 생태 환경을 만드는 데 '인민 위주'라는 모토에도 부합하며, 시진핑이 최근 내세우는 정책 속에서 볼 때도 주목할 만한 미래형 인민 거주 형태라고 할 수 있다.

그다음 살펴볼 곳은 상하이 서쪽 푸퉈(普陀) 지구 타오푸(桃浦)에 건설된 '타오푸 스마트 시티'다. 상하이시 자연자원국에 따르면 이 건축물은 '창장강 삼각주 일체화 녹색기술 시범 건물(長三角一体化緑色科技示范樓)'로 상하이시의 녹색 환경 조성을 위한 대표적 사례로 꼽힌다.[29] 이 건물은 미국의 민영 부동산 기업 CBRE 그룹의 타이완 지부에서 건축했고, 건물 내에는 녹색과학기술연구소, 공공 사무실, 민간인 거주 아파트, 학교와 문화 공간을 복합적으로 갖추고 있다. 또한 주변에 녹지 공원을 조성하여 녹색 순환 경제의 기본인 탄소 배출을 최소화하는 교통 시설까지 고려하여, 상하이 지하철 11호선과 바로 이어지면서 모든 곳을 걸어 다닐 수 있도록 설계되었다. 또한 바로 옆으로 문화창

의 공간인 M50이 자연스럽게 연결되고 그 옆으로 쑤저우 하천
이 흘러, 전체적으로 디지털 생활과 문화 예술적 감수성 그리고
물이 흐르는 유동적 흐름이 새로운 환경을 조성하도록 공간이
창출된다.

　이와 관련하여 동시에 살펴볼 점은 푸둥과 푸퉈, 바오산(寶山)
등지를 연결하는 생태 도시 상하이다. 푸둥과 푸퉈, 바오산 일대
는 2035년까지 조성될 녹지공원지구안의 핵심 지역으로, 상하
이시는 '바깥으로 녹색 띠(外環線帶)'를 둘러 현재 푸둥과 푸퉈, 바
오산 지구에 있는 공원 여덟 곳 외에 새로 여덟 곳을 추가로 건설
하여 상하이 중심부가 완전히 녹색으로 뒤덮이게 만든다는 계획
이다. 특히 이전에 공업 지구였던 바오산 지구를 '뒤뜰 정원(後花
園)'으로 개조하여 기업과 인민의 공생을 목표로 한다.[30] 앞에서
거론한 푸둥신구는 바로 이러한 미래적 시간들이 건설되는 장
소다. 2013년에 열린 '푸둥 워터프런트 디자인 대회(Pudong Water-
front Design Competition)'에서 최종 선택된 SWA그룹 디자인[31]에는
총 2.3킬로미터에 달하는 센트럴 파크에 프런트 시티, 파이브 파
크스(Front City, Five Parks)가 계획되어 있다.

　'미려중국'을 위한 계획 공간으로서 주목할 곳은 바로 이렇게
시 정부가 계획해 세운 구역들이다. 상하이는 '생태 도시(生態之
城, eco city)'라는 슬로건을 내걸고, 2018년 5월 '충밍섬 세계 생태

섬(崇明島世界級生態島)' 건설에 착공했다. 이 섬은 전체 창장강경제벨트(長江經濟帶, Yangtze River Economic Belt)와 연결되어 연해 지역 해양 경제와 깊게 연관되어 있다. 창장강 끝에 있는 상하이의 자연 지리적 요소를 인공적 기술이나 녹색 생태 환경 등에 결합했다고 말할 수 있다.

이 모든 공간 계획은 2021년 11월 2일에 중공 중앙 국무위원회가 밝힌 '오염 방지 전쟁에 대한 의견(中共中央, 國務院關于深入打好污染防治攻堅戰的意見)'에 따라 생태 환경 조성에 발맞춘 계획적 처사에 속한다. 2035년까지 광범위하게 녹색 생산 생활 방식을 형성하여 석탄 배출량을 최고치에 이르게 한 이후 낮추고, 생태 환경의 근본을 전환해 기본적으로 미려중국 건설 목표를 실현한다는 방향성을 분명히 밝히고 있다.

녹색으로 대변되는 푸르름은 상하이가 지닌 수변적 지역성과 미래 먹거리로서 중국 정부가 선택한 새로운 문명이나 다름없다. 중국의 사회주의와 포스트 사회주의를 가장 크게 구분 지을 수 있는 것은 미래라는 시간에 방점을 둔다는 점이다. 중국이 구상하는 미래에는 녹색 경제라는 중요한 계획이 있다. 중국은 지난 20세기 동안 자행되었던 서구 자본주의를 '회색'으로 규정하고 그 대안으로 '녹색'을 내세웠다. 다시 말하면 중국이 중심이 되는 새로운 문명 개척, 즉 중국 특색의 사회주의다. 따라서 이제 녹색은 중국만 이룰 수 있는 새로운 문명 세계를 상징한다.

사실 이런 녹색 산업은 도시 재생과 연결된다. 녹색이 자연과 연결되어 공간으로 구현되면서 실제로 다른 도시 재생 사업에서도 '아름다운 중국'이라는 컨템퍼러리 미학관이 드러난다. 이는 도시 문화 재생의 움직임으로 이어져, 상하이 중심부를 벗어나 외부 지역까지 확대되어 도시 전체가 새로운 뮤지엄의 물결로 점철된다. 이 뮤지엄들은 처음에 도시의 낙후한 부분을 깨끗이 정비하면서 탄생했는데,³² 바로 '클린업 재개발'이다. 특히 상하이의 M50과 같은 전통적 공장 지대는 1933년 면방직 공장을 거쳐 1966년 텍스타일 공장으로 거듭났고, 상하이에서는 가장 이른 시기에 예술가들의 거주지와 예술 작업 공간, 전시 및 갤러리 등을 보유하게 되었다. 현재 이곳은 주변에 타오푸 스마트 시티와 같은 생태 환경적 인민 거주지도 개발되어 완전히 새로운 문화 예술 공간으로 각광받고 있다.

문화 예술로 시작된 생태 서사는 미려한 삶을 꿈꾸는 인민들의 생활 속에서 빛을 발한다. 물론 이때도 앞서 살펴본 인민들의 미호생활과 관련하여 비판적 자세를 취할 수 있다. 가령 왕췬은 '레드 타운 프로젝트(The project in Red Town)' 이후 펼쳐진 상하이 '예술 단지 프로젝트'를 비판한다. 1990년 이후에 진행된 상하이 예술 단지 프로젝트들이 의식적이고 의도적으로 역사를 조작해, 공간에서 독특한 경험을 할 수 있도록 필사적으로 유산 보존에 의존하고 있다고 했다. 왕췬은 이 과정에서 미호생활의 표면만을 부각하고 그 공간에 관련된 기억과 역사들을 왜곡하는 현상이 나타나며, 문화가 산업적 측면으로 이용되면서 미호생활에 가려진 중국 생태주의 방향성의 폐단이 드러나게 된다고 지적한다.

또 한 가지 왕췬이 지적한 것은 중국의 문화 예술과 관련된 새로운 패러다임의 생산과 소비다. 해외의 유명한 건축가들이 중국 공간에서 진행하는 새로운 뮤지엄 프로젝트들은 현재 중국 인민들의 미호생활을 위한 유물론적 흔적들을 세우는 일과 관련이 있다. 가령 상하이의 퐁피두센터 × 웨스트번드미술관과 같은 국제적 대형 뮤지엄들은 상하이 부둣가를 중심으로 조성되는데, 물과 인접한 상하이의 지리적 특성을 살리면서 생태 환경적 경향을 띠게 된다. 이 건물은 앞서 설명한 M50과 건축된 배경이 전혀 다르다. 이곳은 상하이시 정부가 아니라 국가급 행사를 위해 마련된 컨템퍼러리 건물로, 사실 단순히 새로운 건물 또는 컨템퍼러리 예술 공간이 아니라 새로운 자본주의의 공간임을 의미한다. 이러한 공간이 문화 예술의 생산과 소비를 새롭게 조직하게 된다. 이는 시진핑 정부가 선정한 뉴노멀을 실현할 구체적 방안 속에 컨템퍼러리 예술이 담당하는 부분이 있다는 의미다. 따라서 중국의 새로운 생태 서사를 위해서는 예술 공간들이 도심 속에 화려하게 배치될 수밖에 없다.

'인민 중심'과 관련된 생태 서사에서 문화 예술과 관련된 가장 중요한 행위는 소비다. 왕쥔은 2009년 중국에서 예술 소비는 의심할 여지없이 많은 상하이 사람이 자신의 독특한 취향과 정체성을 주장하는 트렌디한 방법이 되었다고 설명한다.[33] 예술 소비는 중국 인민들의 사회주의에 관한 경험과 패러다임을 바꾸어 놓는다. 사회주의 시기에도 항상 곁에 있던 문화와 예술이 이제는 과거 사회주의 이데올로기와 무관해 보이는 방향으로 가면서 인민들의 자유의지와 같은 방향성과 결합하고 있다는 뜻이다. 이러한 현상은 사실 소비주의의 또 다른 형태인데, 문화적 소비는 새로운 사회주의 사회에서 인민 생활의 '아름다움(美好)'으로 설명된다. 이는 분명히 자본주의를 가리는 방식인데, 무엇이 되었건 시진핑 정부에서 인민들이 문화를 소비함으로써 포스트 사회주의로 진입했음을 증명한다. 문화 예술을 중심으로 진행되는 도시 재생 사업은 중국 생태주의에서 가장 크고 새로운 생산과 소비 구조라고 말할 수 있다.

문화 예술 중심의 도시 재생 사업에는 두 가지 방법이 있다.

첫째, 건축물 자체를 새로운 녹색 경제의 지표로 삼아 공간의 성격을 바꾼다.

현재 중국에서 녹색 건물을 새롭게 건축할 때는 민간 투자 형태로 진행된다. 정부에서는 녹색 건축에 관한 방향성만 제시하고, 실제 건축해서 인민들을 유치하거나 이 건물을 통해 영업 이익을 얻는 것은 민영 그룹이다. 하지만 지대를 임대해 주는 임대 사업의 이익은 국가가 갖는 시스템이다. 물론 이런 민간 투자와 정부 임대 사업이 결합된 방식은 1990년대 상하이 문화창의산업 초기에 이루어졌던 방식 그대로다. 문화창의산업은 상하이에서 크게 성공을 거둔 사례도 있기 때문에 '문화'를 '녹색'으로 치환하는 일은 아주 적절하기까지 하다. 중요한 사실은 이러한 공간들로써 인민의 생활을 아름답게(美好) 포장할 수 있으며, 그 기초는 국가와 민영 기업이 지주가 되고 인민이 소비하는, 지극히 자본주의적 방식을 고착화함으로써 말끔히 정리할 수 있다는 점이다.

둘째, '인민 중심'의 실천적 측면을 구체화하여, 새 공간의 주체자인 인민들이 새로운 공간 패러다임을 익힘으로써 새로운 생활에 돌입하게 만든다.

산업 구조 조정을 통한 새로운 산업과 소비 체계를 구축하고 녹색, 저탄소 및 순환 발전 경제 시스템을 개선하며, 경제 및 사회 발전에서 포괄적 녹색 전환을 촉진하는 것은 중국의 자원, 환경과 생태 문제를 해결해 녹색 변혁을 이루는 기본 전략이 된다. 주거 공간과 일상생활 속에서 녹색 제품을 소비하며, 중국 인민들이 완전히 새로운 생활권 안으로 들어간다는 것이 바로 중국 정부가 구상하는 미려중국을 설명해 줄 미시 서사의 구체적 내용이다.

인민의 생활 거주 환경과 매일 반복되는 인민의 도시 생활 이외에도 여가 생활과 관련해서 도시와 농촌을 잇는 방법들과 구체적 대상들도 제시된다. 도시와 농촌을 잇는 방법으로 주목한 곳은 수자원 시설 개발에 관련한 습지 조성과 산, 강, 들, 풀, 모래 들과 같은 사막 지역이다. 〈중국기후변화 대응 정책과 행동〉(2021)에도 나와 있듯이 '동북부 흑토 보호, 수준 높은 농지 건설, 습지 보호 및 복원, 농지를 삼림 초원으로 전환, 초원 생태 복원, 베이징과 톈진의 바람과 모래 근원 통제, 사막화와 암석 사막화 종합 통제 그리고 기타 주요 프로젝트를 수행한다'는 계획은 농촌을 현재 시점으로 끌어온다.[34]

녹색 생활 실천은 아름다운 중국을 건설하기 위한 필수 전제 조건이 되어, 사회 전체가 의식적으로 지켜야 할 행동이 되었다. 예를 들어서 음식물 쓰레기 줄이기, 물·종이·전기·에너지 절약, 친환경 장식, 과대 포장 하지 않기, 일회용품에 작별을 고하기와 같은 것들이 '인민 중심'의 구체적 행동 방침이 되기도 한다.

컬러풀한 꿈이라고 묘사한 중국 특색 사회주의의 유토피아에서 미호생활괴 미려중국은 아름답다는 묘사로 점칠된다. 이는 중국의 컨템퍼러리 미학이 정확하게 '아름다움'에 집중하고 있음을 뜻한다. 미래는 아름다울 것이고, 미래를 당겨 온 현실 속 상하이는 아름다울 수밖에 없다.

그러나 현재의 파놉티콘 효과와 디스토피아적 현실은 이러한 장밋빛 유토피아 속에서 완전히 감금당하고 배제당하는 듯하다.

데이비드 하비가 말했듯이 '유토피아는 또 하나의 어떤 종류의 닫힘'[35]을 여실히 보여 주는 예가 된다.

epilogue

상하이 감성 공간들의 주인은 중국 즉 국가다. 이 공간의 감성을 향유하면서 소비하는 주체는 중국의 인민들이 아니다. 왜냐하면 국가가 그 공간을 법적으로 소유하고 경영하여 이익도 결국 국가가 얻기 때문이다. 상하이 감성 공간이 추구하는 새로운 감각은 실제로 중국의 새로운 경제 생태계에 따른 가시적 효과들이다. 특히 중국 대도시 가운데에서도 상하이 도시민들의 소비 양식과 문화생활 방식들을 엿볼 수 있는 특별한 공간인 감성 제조소들은 새로운 자본 형태로 공간을 점유하면서 도시 문화를 드러낸다.

또한 이러한 공간 형태들로써 신시대 중국에서 실제 삶을 영위하는 도시민들의 '인민성'을 간접적으로 규명할 수 있다. 이 공간들이 내뿜고 있는 감성들은 단순히 생산과 소비만을 지칭하는 것이 아니라, 포스트 사회주의 중국의 새로운 단계에서 구성되는 '포스트'의 측면들을 뜻한다. 상하이의 이러한 감성 공간들에서는 중국 특색 사회주의라고 일컫는 녹색 경제라든가 컨템퍼러리 예술이 만들어 기는 컨템피리리 자본 구조, 빅데이터들로 이루어진 감시망과 네트워크가 조직되고 있으며, 이 모든 것이 감성적이며 아름다운 모습으로 훌륭하게 연출된다.

중국 정부는 우회적으로 국가주의를 강화한다. 여기서 우회한다는 것은 바로 대도시 일반 인민들의 소비 방식과 라이프 스타일을 근본적으로 지배하기 위해 설계된 뉴노멀을 말한다. 도시 전체를 녹색으로 덮고, 지난 제국주의의 상징인 공업 유산들은 예술과 문화로 단장한다. 따라서 행정 도시는 그 자체로 예술 작품이 되어 버리고, 도시 아래에서는 온라인으로 연결된다. 또한 국가가 통제하고 은폐된 형태로 조성된 체험형 감성 공간들은 일반적으로 중국을 움직이는 온라인 유통 업체 알리바바(阿里巴巴, Alibaba)나 텐센트(騰訊, Tencent)와는 정반대인 오프라인 방식으로 구성되어 편안함과 쾌적함, 도시 감각을 선사한다. 숨겨진 국가 감시망 위에 조직되는 도시인들의 일상적 삶과 미학들은 그렇게 중국 신시대 감성을 불러온다. 이는 디스토피아와 유토피아를 동시에 노출하는 방식인데, 일차적으로 상하이는 유토피아를 전시한다. 그리고 중국몽이라는 글자를 곳곳에 배치하여 이게 바로 중국몽이라는 현실화된 유토피아들을 증명하는 데 안

간힘을 쓴다.

한편 상하이에서 오래 거주했던 인민들은 삶의 터전을 잃어 버리고 교외로 이동하거나 도심에서 과거의 모습을 그대로 유지하도록 강요된다. 이로써 상하이 원주민들은 상하이식 '사회주의 젠트리피케이션'에 따라 살던 곳의 실질적 소유권을 지니지 못하게 되었다. 그곳에는 상하이시 정부와 국가가 토지를 임대해 들어선 화려한 현대식 건물 혹은 1920년대와 1930년대 서양식 건물의 독특한 외관만이 중국 헤리티지 이미지 산업들로 남아 도시를 비추고 있다. 상하이 대도시를 비추는 편안하고 쾌적한 '소강사회'라는 거울은 이와 같이 수많은 인민이 이동하는 현실을 보여 준다. 그곳에서는 인민 계층이 새롭게 분화하는 모습을 목도하게 될 터다. 새로 도심으로 진입한 계층과 도심 내에서 존치를 강요받는 계층 그리고 상하이를 떠나는 계층. 인민들의 이동만으로도 '중국몽'이라는 프로그램은 생중계되며, 중국 상하이 유토피아는 시리즈처럼 계속 다른 버전으로 출시될 것이다.

상하이는 중국 정부가 말하는 신시대의 주요 콘텐츠인 소강사회를 이루기 위해 직접 과거의 상하이 인민들을 이동하면서 공간 분할을 감행한다. 이 공간들은 감성을 표면에 장착하고 스스로가 중국적 현재를 나타내고 미래를 지향하는 사회 패러다임이라는 사실을 강조하며, 상하이를 비추는 거울에 환상을 채워 나가고 있다. 중요한 사실은 이러한 계층 이동에 따라 나타난 새로운 감성 공간들이 표면적으로는 매우 편안하고 행복하다는 점이다. 그것이 중국몽이 현실화되는 시점의 끔찍한 부분이다. 상하이의 치욕스러운 과거를 밑으로 깔고, 미래를 제시하면서 이미 도착한 중국의 꿈들이 도시 곳곳에 배치된다.

2040년까지 상하이가 세계 중심 도시가 된다는 계획(創新之城, 人文之城, 生態之城)[1]의 유동성은 지속 관찰할 필요가 있다. 결국 상하이라는 공간에서 살아가는 보통 인민들의 삶 그 자체가 일으킬 변화 가능성도 완전히 배제할 수는 없기 때문이다. 또한 시진핑 정부와 상하이시 정부가 계획하는 상하이 전체 공간에 관한 비전에도 여전히 변수가 존재한다.

2017년 데이비드 하비는 중국에 관한 비전을 다음과 같이 말했다.

중앙 정부가 어느 쪽으로 기울게 될지 현재로서는 예측할 수 없다. 그러나 핵심은 다양한 미래를 향한 길을 개척하는 데, 도시가 기본적으로 주도적 역할을 맡는다는 것이다.(Which way the central government will lean is impossible at this point to predict. But the key point is the role of urban-based initiatives in pioneering the way towards different futures.)[2]

현재 중국 컨템퍼러리 미학을 살펴보며 상하이를 지목한 이유가 바로 이 때문이다. 중국의 새로운 시간 개념이 실현되는 장소로서 그리고 미래적 비전을 보여 주는 장소로서 상하이는 미래를 구현하는 실험적 유토피아이기 때문이다.

상하이는 중국 정부의 미래 프로젝트에 충실히 경제적 역량을 키워 나가고 있다. 사회주의 건설로 인해 주변으로 밀려났던 봉건주의, 자본주의의 흔적들은 다시 소환되었다. 중앙으로의 복귀를 꿈꾸는 중국은 정치 용어나 사회 용어 심지어 예술에도 모두 '중국'이라는 접두어를 붙여서 사용한다. 특별히 중국적이라는 지엽적 특성을 강조하는 까닭은 중국 자신이 기준이 되어야 한다고 생각하기 때문이다. 중국은 중국 이외의 나라와 다르다는 차별성을 강조하는 것이 아니라, 중국이 주체가 되어 새로운 패러다임을 제시하겠다는 의미다. 바로 중화 질서를 뜻한다. 중국 특색 사회주의의 현대화, 신시대와 같은 새로움 속에는 분명히 중국 패권 이론이 숨어 있다. 이는 기존 자본주의 현대화의 폐단을 극복한다거나, 물질문명 사회에서 정신문명으로 복귀하고자 중국 전통적 유교 이데올로기에 가치를 부여하는 등의 모습으로 나타난다. 여기에 '중국 특색'이라는 이름이 붙는다.

20세기 초 서양에 치욕을 당하던 중국의 항구 도시 상하이는 그러한 의도와 욕망을 분출하는 물질적 공간이 된다. 세계의 중심을 나타내는 깃발은 반드시 중국에 꽂혀서, 세계가 중국을 중심으로 돌아가야 한다는 욕망이 그렇게 상하이 푸둥에서 넘실대고 있다. 하늘을 찌르는 듯한 뾰족한 마천루는 화해와 상생을 전면에 내세운 매우 세련되고 신사다워 보이는 중국의 무서운 얼굴이다. 푸둥 강가에 펼쳐지는 21세기 중국의 새로운 모습들은 강 건너편에 있는 지난 치욕의 장소들을 '오래된 것'으로 계속 남기고 유희하게 된다.

거자오광은 부흥을 꿈꾸며 미래를 유토피아로 상상하는 중국의 신제국주의적 발상을 거부하며, 이러한 구상은 '상상된 중국 중심주의(Imagined Sinocentrism)'라고 말한다. 이는 중국의 과거를 현재적으로 유리하게 해석한 결과다. 거자오광은 이러한 발상이 중국이 경제적으로 부상하며 중국 민족주의를 글로벌리즘으로 확대하려는 움직임에서 나왔으며, 이러한 흐름 가운데에서 신유교학자들이 품고 있는 중국의 미래 유토피아가 혹시 새로운 질서를 세우려는 중국 중심주의적 사고에 비롯된 것은 아닌가 묻는다.³ 현재 상하이를 움직이는 과거와 미래가 함께하는 특별한 시간성은 바로 이러한 중국의 신제국주의 이데올로기가 보여 주는 헛된 욕망들이 알차게 집결된 결과다. 상하이 도시 곳곳의 공간에서 이러한 중국 중심주의적 사고가 극단화되어 과거와 미래가 중첩된 시간 개념들이 나타난다.

©kimyoungmi

도심 내 톈왕

신호등 위 노란 캡이 씌워진 것이 실시간 감시 카메라인 톈왕이다. 톈왕이 설치돼 있어
누구나 정확하게 질서를 지키고, 인민은 이로써 완전히 새로운 '인민'으로 거듭난다.

어쨌든 상하이는 '민족 부흥의 큰 꿈을 실현(實現民族復興偉大夢想)'[4]하는 구체적 도시가 될 것이다. 19세기 제국주의가 낳은 20세기의 괴물이 과연 21세기 미래 시간에서 또 다른 미학 기준이 될 수 있을지 기대는 여전하다. 물론 21세기는 이미 시작되었다. 상하이는 중국이 21세기라는 시간을 열고 나아갈 디딤돌이다. 그리고 이 시간을 새롭게 조직하려는 포스트 사회주의 중국이 공간 전회를 이룰 출발점이다.

주

prologue

1   Walter Benjamin, "Paris, the Capital of the Nineteenth Century, 1935,"
    The Arcades Project, Translated by Howard Eiland & Kevin McLaughlin,
    Belknap Press of Harvard University Press, 2002.

2   Jacques Rancière, *The Politics of Aesthetics*, ed. Gabriel Rockhill,
    Bloomsbury Academic, 2013, p.7.

3   David Harvey, *Space of Hope*, Edinburgh University Press, 2000.

4   David Harvey, *The Condition of Postmodernity*, Wiley-Blackwell,
    1992, p.355.

1 차이나 드림, 중국몽

1   해당 본문은 다음과 같다. "决胜全面建成小康社会 夺取新时代中国特色
    社会主义伟大胜利"(〈十九大报告, 习近平宣示"新时代"〉,《新华网》2017년 10

월 22일).

2   David Harvey, *Spaces of neoliberalization: towards a theory*, Franz Stein-
    er Verlag, 2005.

3   Bob Jessop, "Comparative Capitalisms and/or Variegated Capitalism,"
    New Directions in Comparative Capitalisms Research: Critical
    and Global Perspectives, Matthias Ebenau, Ian Bruff, Christian May
    Edited, Palgrave MacMillan, 2015.

4   앨빈 소·인화 츄 지음, 이윤수 옮김, 〈국가 신자유주의 자본주의로 가는
    중국의 도정에 대한 전망〉, 《아시아리뷰》 5(2), 2016, 90쪽.

5   데이비드 하비 지음, 임동근·박훈태·박준 옮김, 《신자유주의 세계화의
    공간들》, 문화과학사, 2010, 59쪽.

6   Maurice Meisner, *Marxism, Maoism, and Utopianism*, University of
    Wisconsin Press, 1982.

7   데이비드 하비는 왕후이의 언급을 통해 상하이 푸둥 특구가 중국에서 가
    장 먼저 신자유주의에 개방하게 되었다고 했다(데이비드 하비 지음, 임동근
    ·박훈태·박준 옮김, 앞의 책, 2010, 57쪽).

2 홍의 시간으로 세팅

1   1980년 이후 중국 예술은 모더니즘과 포스트모더니즘을 혼재해서 받아
    들였는데, 이는 중국이 개혁개방을 함에 따라 사회주의 양식 일체를 거
    부하며 서양 표현 양식을 수용하려 한 모습이라고 할 수 있다. 즉 새로운
    사회주의를 위해 불가피하게 선택했던 양식들이 혼재되어 나타났으며,
    동시에 시간에 관한 강박관념을 표출하기도 했다(김영미, 《현대 중국의 새

로운 이미지 언어: 미술과 영화》, 이담, 2014, 36~37쪽).

2   김영미, 위의 책, 2014, 37쪽.

3   Zhang Xudong, *Chinese Modernism in the Era of Reforms: Cultural Fever, Avant-garde Fiction, and the New Chinese Cinema*, Duke University Press, 1997, p.4.

4   이 용어는 리어우판(李歐梵)의 《새로운 중국 도시 문화의 만개, 1930-1945》에서 그대로 재인용했다(리어우판 지음, 장동천 외 옮김, 《상하이 모던》, 고려대학교 출판부, 2007).

5   앙리 르페브르 지음, 양영란 옮김, 《공간의 생산》, 에코리브르, 2019, 165쪽.

6   예를 들면 다음과 같은 학자들이 있다.

① 毛少瑩, 〈静观"文化创意产业园区热"〉, 《人民论坛》 3, 2006, 17쪽.

② 孫一元, 〈M50：上海文化创意园区更新先锋〉, 《上海国资》 9, 2021, 77~79쪽.

③ 劉文沛, 〈上海文化创意产业园区研究〉, 《公共艺术》 5, 2012, 5~17쪽.

④ 上海易居房地产研究院專題組, 〈上海文化创意产业园区现状和问题分析〉, 《上海房地》 7, 2017, 31~35쪽.

⑤ 夏雅俐, 〈工业区转型中的文化创意产业路径: 以上海宝山区"中成智谷"园区开发为例〉, 《现代经济信息》 33, 2017, 484~486쪽.

⑥ 褚嵐翔·黄麗, 〈影响文化创意产业园区空间分布的地理区位因素分析: 以上海为例〉, 《现代城市研究》 1, 2019, 37~41쪽.

⑦ 欒峰·何瑛·張引, 〈文化创意产业空间集聚特征与园区布局规划导引策略: 基于上海中心城区的企业选址解析〉, 《城市规划学刊》 1, 2019, 40~49쪽.

7   전문은 중화인민공화국 중앙인민정부 홈페이지 참조("《文化産業振興規劃》全文發布", 2009년 9월 26일).

8   Yawei Chen, "Making Shanghai a creative city: exploring the creative cluster strategy from a Chinese perspective," in *Creative Knowledge Cities: Myths, Visions and Realities*, ed. Marina van Geenhuizen & Peter Nijkamp, Edward Elgar, 2012, p.439.

9   박철현, 〈개혁기 중국 '국가신자유주의' 공간: 상하이 자유무역시험구와 그 외부〉, 《현대중국연구》 18(4), 2017, 269쪽.

10 《新華網》 2014년 11월 15일.

11 Ackbar Abbas, "Cosmopolitan De-scriptions: Shanghai and Hong Kong," in *Cosmopolitanism*, ed. Carol A. Breckenridge, Sheldon Pollock, Homi K. Bhabha & Dipesh Chakrabarty, Duke University Press, 2002, p.216.

12 여기서 '弄'은 두 가지 발음으로 표기된다. 하나는 '농'이고, 또 하나는 '롱'이다. 전자는 동사로 '가지고 놀다'이고, 후자는 '골목길'이라는 명사다. 여기서는 후자를 사용한다.

13 Homi K. Bhabha, *The Location of Culture*, Routledge, 1994, p.241.

14 Homi K. Bhabha, 위의 책, 1994.

15 Johan Vaide, "Contact Space: Shanghai: The Chinese Dream and the Production of a New Society," Ph.D Lund University, 2015, p.67.

16 Jun Wang, "'Art in capital': Shaping distinctiveness in a culture-led urban regeneration project in Red Town, Shanghai," *Cities* 26, 2009, p.320.

17 Walter Benjamin, *The Arcades Project*, Translated by Howard Eiland & Kevin McLaughlin, Belknap Press of Harvard University Press, 2002.

18   Richard Hu & Weijie Chen, *Global Shanghai Remade: The Rise of Pudong New Area*, Routledge, 2020, p.75.

19   '대상하이 계획'은 이후 1937년 중일전쟁이 발발하며 잠정적으로 중단 되었다가 1946년 새롭게 'new Greater Shanghai plan'으로 실행되었다. 1949년 사회주의 혁명으로 이 계획은 완전히 중단된다(Richard Hu & Weijie Chen, 위의 책, pp.75~76).

20   쑨원은 *The International Development of China*(1920)를 영어로 썼다. 여기에는 상하이의 성장을 촉진하여 동양의 뉴욕시로 만들겠다는 푸 둥 Great Eastern Port에 관한 그의 계획이 요약되어 있다(Richard Hu & Weijie Chen, 위의 책, p.27).

21   Shiloh R. Krupar, "Shanghaiing the Future: A De-tour of the Shanghai Urban Planning Exhibition Hall," *Public Culture* 20, 2008, p.310.

22   리차드 후와 웨이제 천에 따르면 1845년에서 1854년 사이 조계지는 프 랑스 지구와 나머지 인터내셔널 지구로 크게 나뉘어 있었다. 1937년 중 일전쟁이 발발하며 모든 조계지가 철수되고 나서도, 프랑스는 1943년 가장 우세한 지위로 상하이를 다시 그들의 점령 지구로 만들었다(Richard Hu & Weijie Chen, 앞의 책, pp.2~5).

23   David Harvey, 앞의 책, 1992.

24   실로 크루파(Shiloh R. Krupar)는 상하이가 홍콩이 차지했던 국제 경제 상 위치를 이어받아 '국제적 도시'가 되려고 했다고 본다. 실로는 중국 정 부가 이를 위해 SUPEH(the Shanghai Urban Planning Exhibition Hall)에서 2000년 초기 가시적으로 상하이의 미래를 전시했다고 지적한다(Shiloh R. Krupar, 앞의 논문, p.309).

25   리차드 후와 웨이제 천은 이것을 '덩샤오핑의 국가 수립 어젠다(Deng

Xiaoping's nation-building agenda)'라고 표현한다(Richard Hu & Weijie Chen, 앞의 책, p.1).

3   제국이 낳은 괴물

1   류캉(Liu Kang)은 이를 중국의 현대성이 지니는 모순이라고 파악한다. 그는 중국이 대안적 현대성(an alternative modernity)을 추구하면서 헤게모니와 대항 헤게모니를 동시에 형성하게 되었는데, 곧 '청 왕조로부터 중국이라는 국가로' 권력이 이동되면서 그 성격이 변모하게 되었다고 지적한다(Liu Kang, *Aesthetics and Marxism*, Duke University Press, 2000, p.2).

2   Liu Kang, 위의 책, 2000, p.5.

3   Wang Hui, "Twentieth-Century China as an Object of Thought: An Introduction, Part 2 The Birth of the Century: China and the Conditions of Spatial Revolution," *Modern China* 46(2), 2020, pp.137~141.

4   헤리티지

1   데이비드 하비는 1972년경 영국에서 벌어졌던 '헤리티지 산업(Heritage industry)'을 언급하면서 자세한 설명을 덧붙였다(David Harvey, 앞의 책, 1992, pp.62~63).

2   花建,〈上海建设全球文化中心城市: 机遇, 特色, 重点〉,《深圳大学学报》, 34(1), 2017, 72~73쪽.

3   David Harvey, 앞의 책, 1992, p.82.

4   상하이시 정부는 건설부와 문화부에서 발표한 '우수 근대건축물 중점조

사와 보호에 관한 통지(關于重點調査保護優秀近代建築物的通知)'(1988)에
근거하여 1989년부터 상하이하이관(上海海關)과 허핑호텔(和平飯店) 등
우수역사건축물 59곳을 선정했다. 2015년에 426곳으로 확대되었으며
2021년 기준 우수역사건축으로 선정된 곳은 1058곳이다(余天一,〈上海优
秀历史建筑档案刍议〉,《上海房地》9, 2018, 37쪽).

5   상하이시에서 법률적으로 헤리티지를 보호하기 위해 발표한 조례에는
    자금 동원, 위원회 결성, 거주민 보호 등이 명시되어 있다.

6   魏達嘉,〈弥足珍贵的人文生态觉醒: 述评上海近年城市历史文化风貌意象
    的保护传承〉,《上海城市规划》5, 2009, 51쪽.

7   魏達嘉, 위의 논문, 2009, 49~53쪽.

8   데이비드 하비는 중국이 2001년 WTO에 가입한 이후 원칙적으로 세계
    시장에서 신자유주의 규칙을 따르게 됐다고 말한다. 물론 중국 공산당
    은 자국의 자본주의 발전에도 권위주의적으로 개입함으로써 중국 자본
    주의가 중국식으로 구성되게 만들었다. 이러한 의미에서 코즈모폴리턴
    으로서 상하이를 살펴보기 위해서는 상하이의 2000년 초기에 주목해 볼
    필요가 있다(데이비드 하비 지음, 임동근·박훈태·박준 옮김, 앞의 책, 2010, 63
    쪽).

9   류롄과 줘옌에 따르면 2020년 6월에 상하이 양팡에 관한 보호 항목(保护
    修缮类项目 8项)과 활용 방안(活化利用类项目 7项)이 제정되었다고 한다(劉
    漣·左琰,〈近代居住类建筑遗产的当代保护机制与导向: 以上海示范项目为例〉,
    《住宅科技》3, 2022, 32쪽, 34쪽).

10 Edward Denison & Guang Yu Ren, *Building Shanghai: The Story of
    China's Gateway*, John Wiley & Sons, 2013, p.115, p.118.

11 지두자오모언탕은 감리교 교회로, 청대인 1874년에 세워졌다. 모언은

황푸구에 있다. 둥자두 톈주자오탕 역시 황푸구 둥자두에 위치하며, 아편전쟁 이후인 1847년에 바로크 양식으로 지어진 교회다. 둥정자오 성무다자오탕은 프랑스 조계지 옆 쉬후이구에 있다.

5 모던

1   李泽厚,《华夏美学》, 三民书局, 1994.

2   조너선 D. 스펜스 지음, 김희교 옮김,《현대중국을 찾아서》, 도서출판 이산, 2002, 347~350쪽.

3   안토니오 네그리·마이클 하트 지음, 정남영·윤영광 옮김,《공통체》, 사월의 책, 2020년, 38쪽.

4   Meng Yue, *Shanghai and the Edges of Empires*, University of Minnesota, 2006.

5   David Harvey, *The Urban Experience*, Johns Hopkins University Press, 1989, p.112.

6   Edward Denison & Guang Yu Ren, 앞의 책, 2013, p.83.

7   Kevin Carrico, "Recentering China: The Cantonese in and beyond the Han," in *Critical Han Studies: The History, Representation, and Identity of China's Majority*, ed. Thomas S. Mullaney, James Leibold, Stéphane Gros & Eric Vanden Bussche, University of California Press, 2012, pp.24~25.

8   이화는 어떤 한 민족의 민족주의를 강조하기보다는 세계주의 즉 민족이 아닌 천하에 방점을 두기 위해서 '이하선후설'을 주장한다. 시간적으로 '이'가 '하'보다 먼저 있었고, 중국의 정신적 철학이 되는 유가의 예교는

바로 '이'에서 왔다고도 한다. 즉 '하'와 '이'는 문화 차이의 문제가 아니라 경제의 차이라고 말한다. 또한 그는 두아라(Prasenjit Duara)의 의견을 수렴하여 중국에 이미 존재했던 민족 개념에 서양에서 들어온 민족 국가 개념이 합쳐지면서 지금 중국이 한족 중심의 국가가 되는 데 중요한 역할을 했다고 본다. 따라서 얼핏 보면 그의 의견은 민족이 아닌 천하에 방점을 둠으로써 중국 대륙 안에서 '하'와 '이'의 구분을 무화하려는 듯하다. 이화는 '하'와 '이'라는 민족 개념이 민족주의일 필요는 없다고 말하지만, 그가 말하는 '천하주의' 안에는 오히려 '하'와 '이'의 우열이 분명히 존재한다. 그가 인용한 맹자의 말은 주요한 포인트가 된다. "나는 이가 변해 하가 되었다는 말은 들었지만, 하가 이로 변했다는 말은 듣지 못했다" (이화 지음, 김성기 옮김, 《이하선후설》, 성균관대학교 출판부, 2021, 125~197, 403~461쪽).

9 Xu Jieshun, "Understanding the Snowball Theory of the Han Nationality," in *Critical Han Studies: The History, Representation, and Identity of China's Majority*, ed. Thomas S. Mullaney, James Leibold, Stéphane Gros & Eric Vanden Bussche, University of California Press, 2012, p.113.

10 물론 새뮤얼 량은 기존 유교 질서와 연관된 고급 창녀(The courtesan)와 도시의 단순한 성 노동자로서 창녀를 구분하지만, 근본적으로 고대와 현대를 잇는 이 시점에 출현한 창녀가 도시의 아이콘이 되고 남성들이 창녀를 소비하고 또 창녀들이 스스로 소비하는 장소로서 상하이에 주목한다(Samuel Y. Liang, *Mapping Modernity in Shanghai: Space, gender, and visual culture in the sojourners' city, 1853-98*, Routledge, 2010, pp.23~25).

11 Edward Denison & Guang Yu Ren, 앞의 책, 2013, p.81.

12 보고서에는 "孝老爱亲, 忠于祖国' 忠于人民"이라고 언급되어 있다(〈中国

共产党第十九次全国代表大会上的报告(2017年10月18日)〉,《习近平谈治国理政》第三卷, 外文出版社, 2020, 중국공산당원망 참조).

13 가령 중국역사박물관(Museum of Chinese History), 중국국립박물관(National Museum of China) 등은 중국의 선사 및 고대 역사와 더불어 근대 민족 국가의 기원을 알리고 그 전시물들을 관리한다. 이 박물관들에 있는 전시물들은 1912년부터 차이위안페이(Cai Yuanpei)나 루쉰(Lu Xun), 궈쯔젠(Guo zijian) 등 유명한 학자들의 고증과 검증, 자문을 거쳤다고 말한다. 물론 이러한 박물관들의 중요성은 중국의 혁명적 전통과 훌륭한 역사적 유산을 동시에 미화하는 데 있다(Kirk A. Denton, *Exhibiting the Past: Historical Memory and the Politics of Museums in Postsocialist China*, University of Hawai'i Press, 2014, pp.27~47).

14 중국에서 박물관과 기념관은 기억 및 정치화된 과거에 관한 문제, 포스트 사회주의 사회에서 박물관의 세계화와 역할 변화 그리고 국가와 포스트 사회주의의 정체성 확립에 관해 토론할 수 있는 공공 공간으로서 특히 눈에 띈다. 그렇기 때문에 과거 사건들은 모두 미래를 향해 있으며, 이상적 문구나 영웅들이 전면에 배치된다(Kirk A. Denton, 위의 책, 2014, pp.4~5, 266~267).

15 〈Homeless intellectual becomes online celebrity in China〉,《BBC News》 2019년 3월 29일.

16 〈Confucian festival links temples in Shanghai and Taipei〉,《SHINE》 2020년 9월 20일.

17 에드워드 데니슨과 광위런은 서양인의 자본으로 세워진 건물들로 경제적 이득을 취하게 해 준 사람들은 실제적으로 중국인 통역가들이나 행정가들이었다고 말한다. 또한 1920년 이후 서양인 건물주들을 도왔던 이

런 중국인들이 중국 자본주의 경제의 실제 주역들이었다고 말한다(Edward Denison & Guang Yu Ren, 앞의 책, 2013, p.83).

18 Meng Yue, 앞의 책, 2006; Samuel Y. Liang, 앞의 책, 2010.

19 Samuel Y. Liang, 앞의 책, 2010, p.30.

20 Meng Yue, 앞의 책, 2006.

21 하이 모던 걸들은 성 노동자로서 오래된 유교 질서의 쇠퇴를 불러일으키고 상하이 현대성의 선구자로 간주될 수 있다고 본다. 특히 그녀들이 제공한 여러 가지 위락 시설이 대규모로 발전하여 당시 상하이 자본의 중심지가 된 점, 떠돌이 상업가들에게 잠시 체류할 수 있는 제2의 가정을 제공한 점 등은 전형적인 도시 모습의 특징이다(Samuel Y. Liang, 앞의 책, 2010, p.24, 25).

22 Samuel Y. 앞의 책, 2010, p.84.

23 Edward Denison & Guang Yu Ren, 앞의 책, 2013, pp.159~177.

6 얼룩덜룩한 사회주의

1 왕쥔은 국가 개입 시기를 2008년으로 잡는다(Jun Wang, 앞의 논문, 2009, p.319).

2 David Harvey, *The Ways of the World*, Oxford University Press, 2017, p.782.

3 왕싱촨과 왕후이민, 자오만 등에 따르면 중국의 문화창의산업 지구는 경제 부분에 속하는 '창의 산업 지구'와 문화 부분에 속하는 '문화산업 지구'로 분리되었다가 2013년 이후 두 가지가 혼합된 성격으로 발전했다(王興全·王慧敏·趙嬡, 앞의 논문, 2020, 61~64쪽).

4 왕쿤에 따르면 이러한 사업은 1999년에 처음 류지둥(liu jidong)이라
   는 사업가가 시작했다. 이후 유네스코와 미디어 광고 등을 통해서 알려
   진 다음, 양푸 지구와 톈쯔팡으로 확산되면서 공적 기관에서 관심을 두
   게 되었다고 한다. 또한 이러한 문화산업 지구들은 국제산업유산책존
   위원회(The International Committee for the Conservation of the Industrial
   Heritage, 약칭 TICCIH)에서 2005년부터 헤리티지로 가치를 인정받기 시
   작했으며 위원회의 지원은 2007년까지 계속되었다(Jun Wang, 앞의 논문,
   2009, p.320).

5 처음에는 상하이의 지대료 이익이 타이완이나 홍콩에서 온 일부 투자자
   에게 돌아가는 듯했지만 결국 상하이시에 임대료를 내고, 다시 상하이시
   의 임대료를 국가가 최종 수렴하는 형태가 된다.

6 데이비드 하비 지음, 임동근·박훈태·박준 옮김, 앞의 책, 2010, 62쪽.

7 〈New 'Red Town' project completed in Changning〉,《SHINE》2018년
   12월 24일.

8 진 로버트슨과 크레이그 맥다니엘은 컨템퍼러리 예술의 주제 가운데 장
   소성을 언급한다. 진과 크레이그는 장소가 지니는 시간적 주제들이 특정
   장소와 연결될 때 심리적 공간이 오버랩되는 현상을 지적하고 있다. 그
   들이 사용하는 공간의 개념은 물리적 공간인 장소에 관한 비물질적 상
   황을 말하게 한다. 즉 생태론에서 볼 때, 컨템퍼러리 현대 미술 작가들
   이 어떤 특정 장소를 이용하여 공간 예술을 펼친다면 그것은 물리적 공
   간에 관한 심리적 효과를 지우지 않은 상태로 가져가게 된다(진 로버트슨
   ·크레이그 맥다니엘 지음, 문혜진 옮김,《테마 현대미술 노트》, 두성북스, 2013,
   226~229쪽).

9 상하이 컨템퍼러리 예술은 시진핑 정부에서 중국의 새로운 뉴노멀이 된

다(김영미, 〈다큐멘터리 「미려중국(美麗中國)」과 중국생태서사 '미려중국'〉, 《중국현대문학》102, 2022, 226~231쪽).

10 상하이시 발전개혁위원회가 2016년 2월에 발표한 '상하이시 경제사회 발전 13차 5개년 계획강요(上海市國民經濟和社會發展第十三個五年規劃綱要)'에는 상하이시 미래 5개년 발전계획에 관한 상세한 세목들이 나와 있다. 이 가운데 '중점 지구의 고품질 계획 건설(推進重點區域高品質規劃建設)' 부분에서 빈장 지구를 미래 전략 공간으로 지정하고 있다(상하이시 발전개혁위원회 홈페이지 참조).

11 Maurice Meisner, *Mao's China and after: A history of the People's Republic*, Free Press, 1999.

12 Maurice Meisner, 위의 책, 1999, pp.88~89.

13 1860년에 최초로 영국이 '이허양항(怡和洋行)'을 설립했다.

14 중국 학자들은 중국 민족 자산가들이 1920년대에 출현한 것으로 본다. 劉撫英, 徐楊, 胡順江은 1923년으로 보고 있다(劉撫英·徐楊·胡順江, 〈上海近代紡織工業建築遺産解析〉, 《世界建筑》11, 2020).

15 Paul O'Neill, "The Curatorial Turn: From Practice to Discourse," in *Issues in Curating Contemporary Art and Performance*, ed. Judith Rugg and Michèle Sedgwick, Intellect Books UK, 2007, pp.21~24.

16 Charles Green & Anthony Gardner, *Biennials, Triennials, and Documenta: The Exhibitions that Created Contemporary Art*, Wiley-Blackwell, 2016.

17 상하이에는 또 다른 '상하이컨템퍼러리미술관(上海當代藝術館)'이 있는데, 이것은 난징시루에 있다.

18 중국 정부가 1989년에 '중국현대미술전(中國現代美術展)'을 압박하면서

중국 미술계에서 일어나던 모더니즘적 움직임이 위축되었다. 또한 중국 현대 미술에서 시도하던 행위 예술이나 아방가르드한 실험성 강한 새로운 경향들은 중국현대미술전 이후 2차원 평면의 페인팅으로 돌아서게 되었고, 새로운 출로를 유럽 미술시장에서 찾았다(김영미, 〈시니컬 리얼리즘과 인민의 얼굴들, 몸〉,《중국연구》80권, 2019, 27~29쪽).

19　중이(鍾毅)는 퉁지대학(同濟大學)에 소속되어 있다. 상하이 퉁지대학은 현재 상하이의 공업 유산 리뉴얼 연구와 상하이 도시 계획 연구를 시정부와 협업하여 진행하고 있다(鍾毅, 〈工业遗产景观设计对公共空间日常生活的影响: 以上海杨浦滨江与徐汇滨江为例〉,《现代园艺》1, 2022, 137~138쪽).

20　1개 벨트는 와이탄 금융집합벨트고, 2개 핵심은 난징둥루에서 인민광장 지역에 이르는 곳과 화이하이중루에서 신톈디 지역까지를 말한다. 3개 구역에는 라오청샹 구역, 다푸차오에서 쓰난루에 이르는 구역, 세계엑스포 공원 서쪽 구역이 들어간다.

21　왕수이싱(王水興)은 1964년 마오쩌둥이 농업, 공업, 국방, 과학 기술의 현대화를 일컫는 '4개 현대화'를 부르짖었고, 1973년 덩샤오핑이 '중국식 현대화'라는 개념을 처음 도입했다고 말한다(王水興, 〈中国式现代化新道路与人类文明新形态〉,《学术界》10 , 2021, 105쪽).

22　王水興, 위의 논문 , 2021, 106쪽.

7　중국적 스타일리시

1　Jacques Rancière, 앞의 책, 2013.

2　David Harvey, *Social Justice and the City*, University of Georgia Press, 1973, p.86.

3 데이비드 하비는 공간 자체가 획기적 생산을 할 수는 없으며, 반드시 인간들의 '사회적 관계'에 따라 산출된다고 말한다(David Harvey, 앞의 책, 1992, pp.217~218).

4 唐小兵,《流动的图像》, 复旦大学出版社, 2018.

5 Liu Kang, 앞의 책, 2000.

6 Fredric Jameson, *Postmodernism, Or the Cultural Logic of Late Capitalism*, Duke University Press, 1991, p.5.

7 낸시는 1990년대를 덩샤오핑의 1978년 개혁개방이 유효했던 결과라고 본다. 또한 이러한 개혁개방은 필연적으로 중국의 도시를 전 세계 도시와 대등한 수준으로 만드는 역할을 해야 했기 때문에, 상하이가 '상상력이 동원된 문화 전략'으로서 그 임무를 띠고 있었다고 본다(Nancy P. Lin, "Imagining "Shanghai" Xintiandi and the Construction of Shanghai Identity," Harvard University, 2011, pp.17~18).

8 앙리 르페브르 지음, 양영란 옮김, 앞의 책, 2019, 102쪽.

9 Non Arkaraprasertkul, "Gentrifying Heritage: how historic preservation drives gentrification in urban Shanghai," *International Journal of Heritage Studies* 9(25), 2018, p.9.

10 Michel de Certeau, *The Practice of Everyday Life*, University of California Press, 1984, p.34.

11 Ackbar Abbas, 앞의 책, 2002, p.216.

12 앨빈 소·인화 츄 지음, 조한나 옮김, 〈중국의 국가 신자유주의의 문화적 모순〉,《아시아리뷰》6(2), 2017, 125쪽.

13 劉金祥, 〈上海市创建文明小区路径探析〉,《中国名城》, 10, 2015, 51쪽.

14 중국 문명 홈페이지와 '상해시문명사구창건관리구역규정(上海市文明社

区创建管리规정)'(2011)에 자세히 나와 있다.

15 劉金祥, 앞의 논문, 2015, 51~52쪽.

8 유토피아

1 박철현, 〈중국 개혁기 사회관리체제 구축과 스마트시티 건설: 상하이 푸동신구의 사례를 중심으로〉, 《공간과 사회》 59, 2017, 43쪽.

2 llen J. Scott, *The Constitution of the City: Economy, Society, and Urbanization in the Capitalist Era*, Palgrave Macmillan, 2017.

3 앨런 스콧은 '농민공'이란 단어를 직접적으로 쓰지는 않았으며, 중국 농촌의 후커우 제도(hukou household registration system)를 언급했다(Allen J. Scott, 위의 책, 2017, pp.120~126).

4 중국 정부에서는 '토지관리국 1호 명령(家土地管理局令第1號)'을 시행하여, 1998년부터 기존에 있던 상하이 징안쓰를 도시 공업 지구에서 주거, 상업, 사무실 공간으로 바꿨다(王興全·王慧敏·趙嫚, 〈上海文创园区二十年政策评述〉, 《上海经济》 5. 2020, 55쪽).

5 "이틀 주말(double leisure day)", "특별한 주말(big weekend)"로 불리는 주말 문화는 1995년까지 주 6일제 근무였던 것이 주 5일제로 바뀌면서 토, 일 이틀을 쉬게 되었다는 뜻으로, 중국어 '双休日', '大周末'를 영어로 번역한 것이다.

6 앨빈 소·인화 츄 지음, 조한나 옮김, 앞의 논문, 2017, 126~127쪽.

7 신화서점은 2017년 중국 정부의 문화창의산업 정책에 따라 서점 내부와 외부 단장을 새롭게 하고 이름을 모두 '빛의 공간'으로 바꾸고 있다. 여전히 신화서점이라고 간판을 단 곳은 아직 문화창의산업에 따르지 않은 구

서점이다.

8   Ackbar Abbas, 앞의 책, 2002, p.220.

9   마스다 무네아키는 이를 '데이터베이스의 이노베이션'이라고 지칭한다.
    즉 지적 자본의 오픈 리소스(open resource)화라고 말할 수 있는 이 새로운
    경제 시스템은 새로운 데이터베이스 이노베이션을 통해 기존의 공간이
    나 영업 실태와 전혀 다른 방향으로 선회할 것을 요구한다. 이는 고객의
    니즈를 통계 수치로 파악하고, 대응하는 무네아키 식의 새로운 서점 경
    영 방식이다(마스다 무네아키 지음, 이정환 옮김, 《지적자본론》, 민음사, 2015,
    119~121쪽).

10 〈3년새 '유니콘' 된 中 공유자전거… 세금으로 굴러가는 한국 '따릉이'〉,
    《동아일보》 2018년 10월 26일.

11 데이비드 하비는 1970년대에 들어섰던 개인주의, 자유, 독립이라는 강
    력한 사조들이 바로 이전 1960년대 말 관료주의에 반대하는 움직임들과
    관련이 있다고 본다. 특히 그는 영국의 대처를 예로 들어 이 시기에 개인
    과 가족 위주의 사회로 잘게 쪼개진다고 했다(데이비드 하비 지음, 임동근·
    박훈태·박준 옮김, 앞의 책, 2010, 27쪽).

12 실제로 상하이에 문화창의산업이 적용되기 시작한 때는 2005년 이후 시
    행된 '제11차 상하이 문화창의산업 5개년 계획'부터라고 볼 수 있으며,
    2010년은 바로 이 5개년 계획이 가시적으로 확립된 시기다. 따라서 공간
    의 성격은 2010년 전후로 많이 바뀌었다.

13 이 개념은 마스다 무네아키에게서 나왔다. 그는 마르크스와 엥겔스의
    《자본론》에서 유물사관을 빌려 왔다. 무네아키는 생산력과 생산관계로
    이루어진 '하부 구조'와 그 위에 구축된 이데올로기 등 '상부 구조'의 모
    델을 기초로 하여, 시대적 변화에 대응하지 못했을 때 두 구조 사이의 비

틀어짐 현상(알력)이 일어나는 지점에서 이 개념을 착안한다. 즉 그는 시대에 적응하지 못하고 지속된 지금의 생산관계에는 이노베이션이 필요하다고 했다. 그리고 이러한 이노베이션은 바로 IT 혁명과 소비사회 속 소비자의 취미를 결합한 플랫폼이 된다(마스다 무네아키 지음, 이정환 옮김, 앞의 책, 2015, 58~65쪽).

14 상하이시 인민정부, "上海市國民經濟和社會發展第十四個五年規劃和 二〇三五年遠景目標綱要(2021年1月27日上海市第十五屆人民代表大会第五 次会议批准)", 2021년 1월 30일.

15 류캉은 '부르주아적 인본주의' 개념으로서의 주관성이 서구에서 무자비한 공격을 받고 있는 반면, 주광첸(朱光潛)이나 리쩌허우 같은 중국의 미학적 마르크스주의자들에게 주관성은 주권적 주체와 인간 행위자의 개념에 진정한 인간성에 관한 유토피아적 열망을 투자했을 뿐만 아니라 새로운 정치적 정체성으로서 주체성의 이데올로기적 정당성과 합리성을 부여했다고 말한다(Liu Kang, 앞의 책, 2000).

16 Theodor W. Adorno, *The Culture Industry*, ed. J. M. Bernstein, Routledge, 1991, p.100.

17 중국공산당원망, "习近平在党的十九届一中全会上的讲话(2017年10月25 日)", 2017년 12월 31일.

18 "인민들의 생활을 위해 더 많은 이익을 추구하고, 더 많은 어려움을 해결하도록 한다. 어린이 양육과 교육, 근로 소득, 질병 치료, 노인 지원, 주거 지원, 약자 지원 등에서 부단히 새롭게 발전할 수 있다. 지속해서 사회공평과 정의, 인민의 전면적 발전을 촉진하여, 전 인민의 공동부유를 이룬다(多谋民生之利, 多解民生之忧, 在幼有所育, 学有所教, 劳有所得, 病有所医, 老有所养, 住有所居, 弱有所扶上不断取得新进展, 不断促进社会公平正义, 不断促进

人的全面发展, 全体人民共同富裕)"라고 설명을 덧붙이고 있다.

19 Maurice Meisner, 앞의 책, p.120.

20 郎曉波·魯華君, 〈共同富裕现代化基本单元与美好生活的社区形态:"未来社区"的概念证成及实践议题〉,《中共杭州市委党校学报》5, 2022, 78~79쪽.

21 David Harvey, *Space of Hope*, Edinburgh University Press, 2000.

22 데이비드 하비 지음, 최병두·이상율·박규택·이보영 옮김,《희망의 공간: 세계화, 신체, 유토피아》, 한울, 2001, 215쪽.

23 Maurice Meisner, 앞의 책, 1982, pp.13~17.

24 Maurice Meisner, 앞의 책, 1982, p.121.

25 김영미, 앞의 논문, 2022, 8쪽.

26 중국 웨이하이루(威海路)의 징안법제문화녹지(靜安法制文化靜地)와 양푸 지구의 쓰핑루(四平路) 일대를 예로 삼아 '스트리트 가든'과 '아름다운 동네' 사례를 분석했다(王丹寧·錢成裕·吳小蘭, 〈再看街心花园与美丽街区: 上海街区景观更新发展研究与实践〉,《中国园林》37, 2021).

27 조현준은 녹색 산업이 산업 하나를 가리키는 것이 아니라 군체 산업 (super sector)을 이른다고 말한다. 또한 녹색 경제는 전통적 기본 경제 체제의 근본적 변화에 기반하므로, 기본적으로 일종의 뉴노멀이라고 볼 수 있다고 지적한다(조현준, 〈세계경제 초강대국 중국의 녹색경제 도전과 전략에 관한 소고〉,《동북아경제연구》, 27(1), 2015, 187~188쪽).

28 2021년 3월 31일 발행된 상하이시 생태환경국 발표 문건 〈상하이시건설 용지토양오염방지와 복구명단(上海市建設用地土壤汚染風險管控和修復名錄)〉과 〈상하이시 2021년도 지하오염 장소 복구지역 명단(上海市2021年度地下水污染場地清單)〉에서는 민항 지구의 생태 환경을 가장 우선적으로

개선한다고 밝히고 있다. 민항 지구 이외에도 인민의 생태 환경적 거주
지역으로 양푸 지구와 푸둥신 지구 등이 포함되어 있으며, 푸퉈의 지구
는 공무와 공공 서비스를 위한 공간과 주민의 거주지로 개발한다고 되어
있다. 또한 바오산 지구(寶山區)와 칭푸 지구(靑浦區)를 상업 공간으로, 펑
셴 지구(奉賢區)를 공업 공간으로 개발한다고 명시되어 있다. 이는 상하
이시 정부가 세운 공간 분할의 정확한 지표라고 말할 수 있다(상하이시 생
태환경국, "上海市生态环境局 上海市规划和自然资源局关于印发《上海市建设用
地土壤污染风险管控和修复名录》和《上海市2021年度地下水污染场地清单》(截
至2021年10月31日)的函", 2021년 12월 14일)..

29 상하이시 자연자원국, "桃浦智创城东拓区首发项目将打造"长三角一体化
    绿色科技示范楼"", 2021년 9월 24일.

30 2021년 12월 8일 자 중국 신화망 보도에 따르면 상하이 녹색 지구는 향
    후 15년간 지속될 예정이며, 상하이 녹색 생태 지구가 공공 서비스와 연
    결되어 있다고 한다(〈上海将用15年打造环城生态公园带〉, 《新华网》 2021년
    12월 8일).

31 SWA wins Pudong Waterfront Design Competition〉, 《WLA》 2013년 1
    월 7일.

32 저우잉은 상하이의 M50이 쑤저우강 일대의 버려진 산업 공장에서 시
    작되었을 때, 이 공간이 버려져 있기 때문에 매우 저렴했다는 점을 이야
    기하고 있다. 이렇게 버려진 지난 사회주의 시기 생산 공장을 새롭게 재
    생하기 위해서는 그 잔재를 깨끗이 쓸어버리고, 새로운 면모로 거듭나
    게 할 필요가 있었다(Ying Zhou, "Growing Ecologies of Contemporary Art:
    Vignettes from Shanghai," in *Critical Landscapes: Art, Space, Politics*, ed. Emily
    Eliza Scott & Kirsten J Swenson, University of California Press, 2015, p.222).

33 Jun Wang, 앞의 논문, 2009, p.318.

34 전문은 중화인민공화국 중앙인민정부 홈페이지 참조("中国应对气候变化的政策与行动", 2021. 10. 27).

35 데이비드 하비 지음, 최병두·이상율·박규택·이보영 옮김, 앞의 책, 2001, 268쪽.

epilogue

1 중화인민공화국 중앙인민정부, "上海加快迈向卓越的全球城市: 第29次上海市市長國際企業家咨詢會議", 2017. 9. 18.

2 David Harvey, 앞의 책, 2017, p.819.

3 Ge Zhaoguang, "Imagining "All under Heaven": The Political, Intellectual, and Academic Background of a New Utopia," in *Utopia and Utopianism in the Contemporary Chinese Context*, ed. David Der-wei Wang, Angela Ki Che Leung & Zhang Yinde, Hong Kong University Press, 2020, pp.15~24.

4 중국공산당원망, "习近平在党的十九届一中全会上的讲话(2017年10月25日)", 2017년 12월 31일.

참고문헌

국내자료

김영미,《현대 중국의 새로운 이미지 언어: 미술과 영화》, 이담, 2014

데이비드 하비 지음, 임동근·박훈태·박준 옮김,《신자유주의 세계화의
      공간들》, 문화과학사, 2010

데이비드 하비 지음, 최병두·이상율·박규택·이보영 옮김,《희망의 공간:
      세계화, 신체, 유토피아》, 한울, 2001

리어우판 지음, 장동천 외 옮김,《상하이 모던: 새로운 중국 도시 문화의 만개,
      1930-1945》, 고려대학교 출판부, 2007

리쩌허우 지음, 권호 옮김,《화하미학》, 동문선, 1999

리처드 로빈스 지음, 김병순 옮김,《세계문제와 자본주의 문화:
      생산·소비·노동·국가의 인류학》, 돌베개, 2014

마스다 무네아키 지음, 이정환 옮김,《지적자본론》, 민음사, 2015

벤저민 슈워츠 지음, 나성 옮김,《중국 고대사상의 세계》, 살림, 1996

소연방과학아카데미 지음, 논장 편집부 옮김,《미학의 기초 1》, 논장, 1988

안토니오 네그리·마이클 하트 지음, 정남영·윤영광 옮김,《공통체》, 사월의
책, 2020년

알랭 바디우 외 지음, 서용순·임옥희·주형일 옮김,《인민이란 무엇인가》,
현실문화, 2014

앙리 르페브르 지음, 양영란 옮김,《공간의 생산》, 에코리브르, 2019

왕샤오밍·임춘성 지음, 중국 문화연구 공부모임 옮김,《21세기 중국의
문화지도: 포스트 사회주의 중국의 문화연구》, 현실문화, 2009

이종민,《중국이라는 불편한 진실》, 서강대학교 출판부, 2017

이화 지음, 김성기 옮김,《이하선후설》, 성균관대학교 출판부, 2021

임춘성,《포스트 사회주의 중국과 그 비판자들》, 그린비, 2021

존 벨러미 포스터 지음, 김민정·황정규 옮김,《마르크스의 생태학》, 인간사랑,
2016

진 로버트슨·크레이그 맥다니엘 지음, 문혜진 옮김,《테마 현대미술 노트》,
두성북스, 2013

김영미,〈다큐멘터리「미려중국(美麗中國)」과 중국생태서사 '미려중국'〉,
《중국현대문학》102, 2022

김영미,〈시니컬 리얼리즘과 인민의 얼굴들, 몸〉,《중국연구》80, 2019

김영미,〈중국현대미술 정치적 팝아트, '정치'가 지시하는 것〉,《영상문화》35,
2019

박철현, 〈개혁기 중국 '국가신자유주의' 공간: 상하이 자유무역시험구와 그
　　외부〉,《현대중국연구》18(4), 2017

박철현, 〈중국 개혁기 사회관리체제 구축과 스마트시티 건설: 상하이
　　푸동신구의 사례를 중심으로〉,《공간과 사회》59, 2017

앨빈 소·인화 츄 지음, 이윤수 옮김, 〈국가 신자유주의 자본주의로 가는
　　중국의 도정에 대한 전망〉,《아시아리뷰》5(2), 2016

앨빈 소·인화 츄 지음, 조한나 옮김, 〈중국의 국가 신자유주의의 문화적
　　모순〉,《아시아리뷰》6(2), 2017

정환우, 〈중국의 외국인투자정책과 한중 FTA 투자 협상〉,《중국학연구》63,
　　2013

조현준, 〈세계경제 초강대국 중국의 녹색경제 도전과 전략에 관한 소고〉,
　　《동북아경제연구》27(1), 2015

징린보 지음, 김동연 옮김, 〈중국 신시대(新時代)적 신사고(新思考)〉,
　　《성균차이나브리프》6(1), 2018

홍덕화, 〈전환 정치의 이정표 그리기: 생태적 현대화와 탈성장,
　　생태사회주의의 분기점과 교차점〉,《환경사회학연구》25(1), 2021

해외자료

Allen J. Scott, *The Constitution of the City: Economy, Society, and
　　Urbanization in the Capitalist Era*, Palgrave Macmillan, 2017

Charles Green & Anthony Gardner, *Biennials, Triennials, and Documenta:*

The Exhibitions that Created Contemporary Art, Wiley-Blackwell,
  2016

Charles Y. Glock & Rodney Stark, *Religion and Society in Tension*, Rand
  McNally, 1965

David Harvey, *Justice, Nature and the Geography of Difference*, Wiley-
  Blackwell, 1997

David Harvey, *Social Justice and the City*, University of Georgia Press, 1973

David Harvey, *Spaces of neoliberalization: towards a theory*, Franz Steiner
  Verlag, 2005

David Harvey, *The Condition of Postmodernity*, Wiley-Blackwell, 1992

David Harvey, *The Ways of the World*, Oxford University Press, 2017

David Harvey, *The Urban Experience*, Johns Hopkins University Press, 1989

Edward Denison & Guang Yu Ren, *Building Shanghai: The Story of China's
  Gateway*, John Wiley & Sons, 2013

Fredric Jameson, *Postmodernism, Or the Cultural Logic of Late Capitalism*,
  Duke University Press, 1991

G. W. F. Hegel, Translated by T. M. Knox, *Aesthetics Lectures on Fine Art:
  Volume 1*, United States by Oxford University Press, 1975

Henri Lefebvre, Translated by Donald Nicholson-Smith, *The Production of
  Space*, Basil Blackwell, 1991

Herbert Fingarette, *Confucius: The Secular As Sacred*, Harper and Row, 1972

Jacques Rancière, *The Politics of Aesthetics*, ed. Gabriel Rockhill, Bloomsbury
     Academic, 2013

Kirk A. Denton, *Exhibiting the Past: Historical Memory and the Politics of
     Museums in Postsocialist China*, University of Hawai'i Press, 2014

Lewis Mumford, *The Culture of Cities*, A Harvest/HBJ Book, 1966

Liu Kang, *Aesthetics and Marxism*, Duke University Press, 2000

Maurice Meisner, *Mao's China and after: A history of the People's Republic*,
     Free Press, 1999

Maurice Meisner, *Marxism, Maoism, and Utopianism*, University of
     Wisconsin Press, 1982

Meng Yue, *Shanghai and the Edges of Empires*, The Regents of the University
     of Minnesota, 2006

Michael J. Sandel, *Justice: What's the Right Thing to Do?*, Farrar, Straus and
     Giroux NEW YORK, eBook conversion, 2010.

Michel de Certeau, *The Practice of Everyday Life*, University of California
     Press, 1984

Pierre Bourdieu, Translated by Richard Nice, *Dlstinction: A Social Critique
     of the Judgement of Taste*, Harvard University Press, 1984

Richard H. Robbins, *Global Problems and the Culture of Capitalism*, Allyn
     and Bacon, 2002

Richard Hu & Weijie Chen, *Global Shanghai Remade: The Rise of Pudong
     New Area*, Routledge, 2020

Samuel Y. Liang, *Mapping Modernity in Shanghai: Space, gender, and visual culture in the sojourners' city, 1853–98*, Routledge, 2010

Theodor W. Adorno, *The Culture Industry*, ed. J. M. Bernstein, Routledge, 1991

Walter Benjamin, *The Arcades Project*, Translated by Howard Eiland & Kevin McLaughlin, Belknap Press of Harvard University Press, 2002

Zhang Xudong, *Chinese Modernism in the Era of Reforms: Cultural Fever, Avant-garde Fiction, and the New Chinese Cinema*, Duke University Press, 1997

Ackbar Abbas, "Cosmopolitan De-scriptions: Shanghai and Hong Kong," in *Cosmopolitanism*, ed. Carol A. Breckenridge, Sheldon Pollock, Homi K. Bhabha & Dipesh Chakrabarty, Duke University Press, 2002

Bob Jessop , "Comparative Capitalisms and/or Variegated Capitalism," in New Directions in *Comparative Capitalisms Research*, ed Matthias Ebenau, Ian Bruff & Christian May, Palgrave Macmillan, 2015

Ge Zhaoguang, "Imagining "All under Heaven": The Political, Intellectual, and Academic Background of a New Utopia," in *Utopia and Utopianism in the Contemporary Chinese Context*, ed. David Der-wei Wang, Angela Ki Che Leung & Zhang Yinde, Hong Kong University Press, 2020

Johan Vaide, "Contact Space: Shanghai: The Chinese Dream and the

Production of a New Society," Ph.D Lund University, 2015

Jun Wang, "'Art in capital': Shaping distinctiveness in a culture-led urban regeneration project in Red Town, Shanghai," *Cities* 26, 2009

Kevin Carrico, "Recentering China: The Cantonese in and beyond the Han," in *Critical Han Studies: The History, Representation, and Identity of China's Majority*, ed. Thomas S. Mullaney, James Leibold, Stéphane Gros & Eric Vanden Bussche, University of California Press, 2012

Nancy N. Chen, "Urban Spaces and Experiences of Qigong," in *Urban Spaces in Contemporary China*, ed. Deborah S. Davis, Richard Kraus, Barry Naughton & Elizabeth J. Perry, Cambridge University Press, 1995.

Nancy P. Lin, "Imagining "Shanghai" Xintiandi and the Construction of Shanghai Identity," March 11, Harvard University, 2011

Non Arkaraprasertkul, "Gentrifying Heritage: how historic preservation drives gentrification in urban Shanghai," *International Journal of Heritage Studies* 9(25), 2018

Paul O'Neill, "The Curatorial Turn: From Practice to Discourse," in *Issues in Curating Contemporary Art and Performance*, ed. Judith Rugg and Michèle Sedgwick, Intellect Books UK, 2007

Shiloh R. Krupar, "Shanghaiing the Future: A De-tour of the Shanghai Urban Planning Exhibition Hall," *Public Culture* 20, 2008

Xu Jieshun, "Understanding the Snowball Theory of the Han Nationality," in *Critical Han Studies: The History, Representation, and Identity of*

China's Majority, ed. Thomas S. Mullaney, James Leibold, Stéphane Gros & Eric Vanden Bussche, University of California Press, 2012

Yawei Chen, "Making Shanghai a creative city: exploring the creative cluster strategy from a Chinese perspective," in *Creative Knowledge Cities: Myths, Visions and Realities*, ed. Marina van Geenhuizen & Peter Nijkamp, Edward Elgar, 2012

Ying Zhou, "Growing Ecologies of Contemporary Art: Vignettes from Shanghai," in *Critical Landscapes: Art, Space, Politics*, ed. Emily Eliza Scott & Kirsten J Swenson, University of California Press, 2015

康曉光,《法輪功事件全透視》,明報出版社, 2000

楊春時,《走向后实践美学》,安徽教育出版社出版, 2008

〈中国共产党第十九次全国代表大会上的报告(2017年10月18日)〉, 《习近平谈治国理政》第三卷,外文出版社, 2020

江飛,〈重审新时期实践美学,新实践美学与后实践美学之争〉, 《云南师范大学学报》51, 2019

杜維明,〈建构精神性人文主义〉,《探索与争鸣》2, 2014

杜維明,〈中国传统文化的当代价值〉,《江海学刊》3, 2011

欒峰·何瑛·張引,〈文化创意产业空间集聚特征与园区布局规划导引策略: 基于上海中心城区的企业选址解析〉,《城市规划学刊》1, 2019

郎曉波·鲁華君,〈共同富裕现代化基本单元与美好生活的社区形态:

　　"未来社区"的概念证成及实践议题〉,《中共杭州市委党校学报》5,
　　　2022

劉金祥,〈上海市创建文明小区路径探析〉,《中国名城》,10,2015

劉漣·左琰,〈近代居住类建筑遗产的当代保护机制与导向:
　　　以上海示范项目为例〉,《住宅科技》3,2022

劉撫英·徐楊·胡順江,〈上海近代纺织工业建筑遗产解析〉,《世界建筑》11,
　　　2020

劉文沛,〈上海文化创意产业园区研究〉,《公共艺术》5,2012

毛少瑩,〈静观"文化创意产业园区热"〉,《人民论坛》3,2006

上海易居房地产研究院專題組,〈上海文化创意产业园区现状和问题分析〉,
　　　《上海房地》7,2017

孫一元,〈M50:上海文化创意园区更新先锋〉,《上海国资》9,2021

余天一,〈上海优秀历史建筑档案刍议〉,《上海房地》9,2018

王丹宁·錢成裕·吳小蘭,〈再看街心花园与美丽街区:
　　　上海街区景观更新发展研究与实践〉,《中国园林》37,2021

王水興,〈中国式现代化新道路与人类文明新形态〉,《学术界》10 ,2021

王興全·王慧敏·趙嫚,〈上海文创园区二十年政策评述〉,《上海经济》5,2020

魏達嘉,〈弥足珍贵的人文生态觉醒:
　　　述评上海近年城市历史文化风貌意象的保护传承〉,
　　　《上海城市规划》5,2009

褚嵐翔·黄麗,〈影响文化创意产业园区空间分布的地理区位因素分析:

以上海为例〉,《现代城市研究》1, 2019

鍾毅,〈工业遗产景观设计对公共空间日常生活的影响:

　　以上海杨浦滨江与徐汇滨江为例〉,《现代园艺》1, 2022

夏雅俐,〈工业区转型中的文化创意产业路径:

　　以上海宝山区"中成智谷"园区开发为例〉,《现代经济信息》33, 2017

花建,〈上海建设全球文化中心城市: 机遇, 特色, 重点〉,《深圳大学学报》,

　　34(1), 2017

기타

상하이시 발전개혁위원회 http://fgw.sh.gov.cn

상하이시 생태환경국 https://sthj.sh.gov.cn

상하이시 인민정부 https://www.shanghai.gov.cn

상하이시 자연자원국 https://ghzyj.sh.gov.cn

상하이시 칭푸구 인민정부 https://www.shqp.gov.cn

중국공산당원망 https://www.12371.cn

중화인민공화국 중앙인민정부 http://www.gov.cn